珍藏本
纪念版

汉译世界学术名著丛书

关于财富的形成和分配的考察

〔法〕杜阁 著

南开大学经济系经济学说史教研组 译

商务印书馆
SINCE 1897 The Commercial Press

2017年·北京

A. R. J. Turgot

REFLEXIONS SUR LA FORMATION ET LA DISTRIBUTION DES RICHESSES

1770

根据纽约麦克米伦图书公司(The Macmillan Co.)1898 年出版的威廉·詹姆斯·艾希利(W. J. Ashley)所编《经济名著丛书》英译本"Reflections on the Formation and the Distribution of Riches"译出。

汉译世界学术名著丛书
（120 年纪念版·珍藏本）
出 版 说 明

2017 年 2 月 11 日，商务印书馆迎来 120 岁的生日。120 年前，商务印书馆前贤怀揣文化救国的理想，抱持“昌明教育，开启民智”的使命，立足本土，放眼寰宇，以出版为津梁，沟通中西，为中国、为世界提供最富智慧的思想文化成果。无论世事白云苍狗，潮流左右激荡，甚至战火硝烟弥漫，始终践行学术报国之志，无改初心。

逐译世界各国学术名著，即其一端。早在 20 世纪初年便出版《原富》《天演论》等影响至今的代表性著作，1950 年代后更致力于外国哲学和社会科学经典的译介，及至 1980 年代，辑为“汉译世界学术名著丛书”，汇涓为流，蔚为大观。丛书自 1981 年开始出版，历时三十余年，迄今已推出七百种，是我国现代出版史上规模最大、最为重要的学术翻译工程。

丛书所选之书，立场观点不囿于一派，学科领域不限于一门，皆为文明开启以来，各时代、各国家、各民族的思想与文化精粹，代表着人类已经到达过的精神境界。丛书系统译介世界学术经典，引领时代思想，为本土原创学术的发展提供丰富的文化滋养，为推动中国现代学术和现代化进程做出了突出的贡献。

为纪念商务印书馆成立120周年，我们整体推出“汉译世界学术名著丛书”120年纪念版的珍藏本，寄望既利于文化积累，又便于研读查考，同时向长期支持丛书出版的译者、编者和读者致以敬意。

两甲子后的今天，商务印书馆又站在了一个新的历史时间节点上。我们不仅要铭记先辈的身影和足迹，更须让我们的步伐充满新的时代精神。这是商务人代代相传的事业，更是与国家和民族的命运始终紧密相连的事业。我们责无旁贷，必须做好我们这代人的传承与创造，让我们的努力和成果不仅凝聚成民族文化的记忆，还能成为后来人可以接续的事业。唯此，才能不负前贤，无愧来者。

商务印书馆编辑部

2017年10月

译　　序

杜阁(1727—1781 年)是 18 世纪后半叶法国资产阶级经济学家、政治活动家。他是当时重农学派的一个重要代表人物;就他的基本理论来说,虽然跟重农学派创造人魁奈相同,但在许多论点上却比魁奈的看法进了一步。杜阁的学说更显明地反映出从封建主义的内核中脱生出来的资本主义社会的要求。马克思曾经写道:"在重农主义派中更激进的头脑,尤其是杜阁,却完全蔑视这个外观(指封建社会的外观。——引者),并且把重农主义体系当做渗透入封建主义社会内部的新的资本主义社会来叙述。"[①]正是因为这样,杜阁在他的经济著作中,才能够修订魁奈的若干论点,并把它们向前发展。因此,马克思认为,"在杜阁手上,我们看见了重农主义学说的最高发展。"[②]

杜阁出身于一个接近工商业大资产阶级的贵族家庭,少时受过长期的神学教育,后来充当过某僧院副院长,直到 1751 年初,才决定放弃僧职,改任司法行政方面的工作。这个突然转变的原因,据杜阁自述,是由于他不愿意一生戴着这个假面具。杜

① 参看马克思:《剩余价值学说史》第 1 卷,三联书店 1951 年版,第 43 页。

② 同上书,第 51 页。

阁对经济问题的研究，实与他的官职生活有密切关系。从1761年至1774年间，他被任命为法国利摩日州长。在其任职的期间，曾经进行许多重大改革，以求初步实现他的重农主义主张。也正是在这个期间，他写成了著名的《关于财富的形成和分配的考察》一书(1766年)。1774年路易十六即位后，他一度出任海军大臣，不久又调为财政大臣。在将近两年的财政大臣任内，他促进了国内谷物的自由贸易，实行了以赋税代替徭役，规定了特权阶级亦需纳税，并大胆地废除了行会组织。所有这些改革只是杜阁所拟订的整个计划的一些初步措施；但是，仅仅是这些初步措施，就引起了王室和特权阶级的不满和反对，结果使这个重农主义者当权不到两年就下台了。随着他在政治上的失势，他的许多改革也逐渐地被废止了。从此以后，杜阁便把精力主要放在自然科学的研究上。

杜阁的最重要的经济著作，就是《关于财富的形成和分配的考察》一书。在本书中，他发挥了重农主义的基本原理。他在叙述商业的起源之后，论证了魁奈关于农业是财富的唯一泉源的观点。魁奈把社会划分为农业阶级(生产阶级)、工业阶级(非生产阶级)和土地所有者，杜阁加以补充，在农业阶级和工业阶级中又区分出资本家和雇佣工人。他把自由竞争的原则推广到劳动者和企业家的关系上，从而提供了当时最完备的工资理论。杜阁不仅把工资归结为最低限度的生活资料，而且详尽地说明了其所以如此的道理。其次，杜阁发挥了重农学派的净产品学说。他虽然也错误地把净产品(产品价值超过它的生产费用的余额)说成是自然界的赐予，但是他同时强调这是土地赐予耕作劳动的，实际上是劳动利用自然生产力的结果。在这里，他所说的自然赐予的农产品，正如马克思所说“秘密地转化为农业劳动者的剩余劳动”。在土地同劳动者分离的情况下，它被土地所有者无偿地占有了。从这里可以看出，在农业范围内，杜阁正确地理解了剩余劳动所创造的剩余价值，不过他是在具体劳动形态上来理解剩余劳动的。

从上述的观点出发，杜阁在他的这部著作中，先后论述了各种耕作方法的变迁、交换和货币的性质以及资本的运用方法等，从而创立了所谓“单一地租税”的理论。此外，对“贸易自由”和“企业自由”的呼吁，自始至终贯穿在杜阁的这部著作中。很明显，这就是新兴的资产阶级代言人在创造资本主义基础的条件方面，对当时的封建专制国家所提出的直接要求。

从这部著作的内容看来，杜阁对于重农主义的观点，确实做了进一步的发展。他没有用封建主义的成见来观察资本主义关系，这使得他能够更好地理解资产阶级社会里的各种经济现象。然而，因为缺少科学的价值理论为基础，其对各种经济现象所做的论述，虽然提供了一些很有价值的见解，但同时却不能不暴露出许多缺点和错误。这里我们可以看出，没有科学的价值理论作为指南，就不可能对资本主义生产方式做出正确的分析。

本书在中华人民共和国成立前曾由商务印书馆翻译出版，现根据英国经济学教授艾希利所编《经济名著丛书》中的英译本重译，其中除这部著作的全文，还包括了反映杜阁经济观点的一些信札的摘要。英译者在书前写有序文一篇，对杜阁生平和原书的版本源流有所介绍，我们把它一并译出，供读者参考。我们翻译本书的主要目的，是为了供学术工作者研究古典经济理论尤其是重农学派经济理论之用的。在译文方面，如有不妥之处，希读者指正。

南开大学经济系

经济学说史教研组

1961年9月

目　　录

关于财富的起源[①]和分配的考察

① 按本书法文原名为“Réflexions sur la Formation et la Distribution des Richesses”，英译本将“formation”一字两译，此处译为“起源”（“origin”），他处皆译为“形成”（“formation”）。　译者

附　录

英译本序

安·罗伯特·雅克·杜阁,奥利男爵,1727年5月10日生于巴黎。他是诺曼底一家旧贵族家庭的苗裔;这一家庭一连两三代都为国家提供过得力的行政官吏:他的祖父做过州长;他的父亲担任过司法方面的高级职务,而且还一度作为行会会长主持过巴黎市政府。他在路易书院和布勒西书院受早期教育;后来,由于作为一个幼子注定要从事教会工作,便转入圣沙尔比斯神学院研究神学,于1747年获神学士学位。1748年,他获准进入索尔滂恩修道院为院士;1749年12月,当选为1750年的名誉副院长。1751年初,他改变了计划,决心从事司法和行政工作。1752年1月,他被任命为代理检察长;同年12月,任巴黎市议会参议员;1753年3月,任衡平法院裁判长。在这以后的八年中,他的职务主要是在司法方面;不过在1755年和1756年,当商务监督古尔内巡视法国南部和西部的时候,他曾伴随古尔内进行视察。

1761年8月,杜阁被任命为里摩日州长;直到1774年年中为止,他都担任这一职务。在他的任职期间,他改革了丁税的征收方法;以货币缴纳赋税的方式代替了徭役制的强迫劳动;在里摩日州境内允许谷物自由流通,并且建立了一种救济贫民的制度。在他偶尔到巴黎的几次访问中,和大卫·休谟(1763—1766年的英国驻法大使馆秘书)建立了友谊关系,并且结识了亚当·斯密(自1765年圣诞节到1766年10月斯密曾客居巴黎)。就是在1766年那一年内,杜阁写下了这本《关于财富的形成和分配的考察》(详见下文)。

路易十六即位时,杜阁应邀参加了新成立的革新内阁。在海军部供职一个很短的时期(1774年7月20日到8月24日)以后,就被任命为财政大臣。他在短短两年中的政绩在法国历史上成为最负盛名的插曲之一。他的最重要的措施是:开放国内谷物自由贸易;以各特权阶级也要缴纳的一种赋税代替徭役制度;取消手工业同业公会。杜阁的政令引起了贵族、官吏和一切对于维持现状感有兴趣的人的最坚决的反对;路易十六听从朝臣和皇后玛丽亚·安东尼特的劝告,于1776年5月12日罢免了杜阁的职务。他的一切措施随即被撤销,直到法国大革命时代才由立法机关予以恢复。在退休的年代里,杜阁专心致力于写作;1781年3月18日,他与世长辞了。

杜阁在生前所发表的经济著作,除了《关于财富的形成和分配的考察》这本书以外,好像只有1755年写的《关于商业方面的重要问题》(这个书名是根据塔克的英译本翻译出来的)和1756年《百科全书》所载的两篇论文,一篇是《市集与市场》,另一篇是《基金》。可是他却撰写过许多关于各种经济问题的备忘录,其中有些是他对上司提出的有关里摩日州治理情况的报告;他还向公众发表过许多传阅文件和其他文件,说明和论证他在里摩日州长任内所采取的各种革新措施的理由;他在财政大臣任内所颁布的各项政令,前面都有有关原则的详尽解释。这一切文献连同他在1759年所写的《古尔内颂》，都已经在杜邦·德·奈木尔主编的《杜阁文集》（共九卷，1809—1811年陆续出版）中发表了。1844年，德尔和杜萨把杜阁的另外几篇文章加添进去，增订了这部《杜阁文集》，以两卷本的形式作为吉劳敏主编的《主要经济学家著作集》的一部分，再版发行。《经济学小丛书》中有1889年罗宾诺编纂的一卷书，标题是《杜阁：政绩和经济论文》，其中包括《关于财富的形成和分配的考察》、《古尔内颂》、《废除徭役制度的文告》和《取消手工业同业公会的文告》。在沃克·史蒂芬斯所著《杜阁的生平和著作》（1895年出版）一书里，我们可以找到《古尔内颂》和许多从杜阁著作中摘录出来的各种各样的摘要的译文。

关于杜阁的传记，主要的来源是杜邦所写的《关于杜阁生平及其著述》（1782年出版）。杜阁的友人康多塞于1786年所著《杜阁的一生》（此书已于1787年译成英文）进一步提供了某些细节。在《政治学小辞典》第6卷里利佩特博士所写的一篇文章中，我们可以找到一份有关杜阁的文献的目录，其中最著名的——著名是因为作者的地位崇高的关系——有里昂斯·德·拉维尼1870年在《18世纪的法国经济学家》中发表的论文、约翰·摩莱1877年在《评论杂志》中发表的论文、里昂·萨伊于1887年所写的杜阁传略——这本传略已于1888年由古斯塔夫·马森译成英文。在为数不多的对杜阁在法国历史上应有的地位作出真正公正评价的著作中，读者可参阅艾伯特·索雷耳所写《欧洲与法国大革命》（1885年版）第1卷，第209—213页。

《关于财富的形成和分配的考察》这本书是杜阁在1766年年底为两位中国青年而写的；这两位中国学生这时已经在法国完成

了学业，得到皇家的资助正要回到他们的祖国去。当时的法国经济学家一般都认为中国是开明政治的策源地(参阅德·托克维尔的《旧政体》，第3卷，第3章)；人们都希望这两位中国青年能够让他们的欧洲东道主不断地了解中国的内部情况。杜阁曾向他们提出一系列的问题请求解答，因此，他写出这本书，以便他们能够更好地领悟这些问题的旨趣之所在(参阅本书附录中摘录(6))。1769年，他接受了杜邦·德·奈木尔的一再请求——当时杜邦正在主编重农学派的机关刊物《公民评论》，经常缺乏稿件——把这本书的手稿交给他付印。这部稿子是在《公民评论》1769年11月号、12月号和1770年1月号发表的；不过实际上直到1770年1月、2月和4月才发行。

谢耳最近指出(详见他的《杜邦·德·奈木尔和重农学派》，1888年版，第126—129页和他为《经济学家学报》1887年7月号所写的一篇论文)：杜邦并没有征得杜阁的同意就自作主张地在好几个方面修改了杜阁的原作。在第17节(第27页)中，他把“人类习俗”的“人类”这个形容词以及“民法”的“民”这个形容词都删掉了；并且在原著“即使他们已经不再亲自耕种这些土地”这句话后面加上了这么一句：这是作为原始农业垫支的一种代价，通过这种垫支，他们使这些土地能够由人们来耕种，这笔垫支可以说是和土地结合在一起了。杜邦还把杜阁原著关于由奴隶来耕种土地的那一节(第21节)改为三节；他增添的部分(比杜阁的原稿要长一些)，不仅强调奴隶制度在道德方面的罪恶，而且还认为奴隶劳动甚至对奴隶主也没有好处；在原著第55节的标题和开头的几句话中，杜邦把奴隶是一种可动的财富这一论点也整个删掉了。杜阁对于这种窜改行为感到异常烦恼(参阅本书附录中摘录(7)和摘录(8)),因而及时地提出抗议,以免杜邦再擅自窜改第三期付印的原稿。可是杜邦对于原著第 78 节关于储蓄是资本的源泉的那段文字仍不肯不加批判地放它过去,因此,他在后面附上了一段冗长的注解,坚持这样一种看法:“资本的形成来自从收入中节约开支的部分比来自明智地运用开支的部分要少得多”(参阅本书附录中摘录(9));他还加了一两段其他无事自扰的注解。在全部原著里,在许多细微的地方,杜邦都修改了原作者的笔调。

杜阁坚持在不久就要发行的《关于财富的形成和分配的考察》单行本中,正文必须加以校正,并且必须刊载由他本人撰拟的一张勘误表。这件事倒是办到了,可是据谢耳说,这次总共只印了一百到一百五十本,而且差不多连一本也没有被保存下来。1788 年发行的一种修正本也同样地稀少。最奇怪的是:当 1808 年杜邦编纂杜阁的《文集》的时候,他竟大胆地把《公民评论》的老版本拿出来再版付印;而德尔又把这一版本重印在他的 1844 年的版本里。一直到 1889 年为止,人们还看不到这本书的原来面目。谢耳和罗宾诺两人都曾经声明,在罗宾诺刊行的作为《经济学小丛书》之一的杜阁著作中,这本书的原来面目已经被恢复了。就杜阁的每一个基本论点来说,事实确是如此;可是,如果把罗宾诺的版本拿来同《公民评论》的版本对照一下,再拿它来同下面就要提到的 1793 年的英译本对照一下,就会发现许多在目前还无法解答的关于杜阁原著的确切词句的奇奇怪怪的小问题。杜阁传统的继承人——也就是那些同《经济学家学报》和吉劳敏家族有关系的巴黎经济学家们——应该欣然为这本书提供一种真正经过仔细鉴定的版本。同时还必须指出:除非

杜阁去世以后由杜邦发表的其他著作的手稿能够恢复原状，否则，这些著作必定仍然是有些令人怀疑的。

1793年，伦敦出现了一种《关于财富的形成和分配的考察》的无名氏英译本；从它的内容来看，这个译本显然是根据1788年的版本翻译出来的。1859年，麦卡洛克曾把它重印于《奥佛斯通丛书》（即《孤本的、珍贵的经济名著选刊》）的一卷里。本书编者的原意是重印这一译本，可是一经审查，很快就发现绝对不能这样办。1793年的英译本开头几段是译得相当令人满意的，可是不久种种重大的错误便呈现出来了，例如第25节的标题，原文为“对分佃耕制”（“Colonage Partiaire”）而译文竟为“局部的殖民制”（“Partial Colonization”）！越到后来译文越差，到了下半部，有许多段落简直令人完全不能理解。这显然是一种卖文为生的人的译品，译者对于杜阁的论证方法，根本就毫无体会。麦卡洛克本人想必也没有阅读过这个译本。

因此，本编者就冒昧地想以罗宾诺的版本为根据，并参照《公民评论》的版本，来搞一个新的译本。这里，他应当感谢他的友人塞利格曼教授，因为《公民评论》的版本是从塞利格曼教授手里借来的。本编者企图搞出一些像杜阁本人笔调所具有的效果那样的东西来；的确，杜阁的笔调是不风雅的，有时甚至是粗俗的，而且所运用的词汇甚为有限，可是它具有开门见山而令人易于了解的特色，不愧是一位事业家所特有的笔调。当然，杜阁的思想是抽象的，正如他所属的那个集团的思想一样；可是他的文字却没有后来经济文献中的文字那么抽象。尽管译文偶尔还有一些别扭的地方，但译者已力求尽量保留杜阁措辞的严密性。在这样做时，译者曾从亚当·斯密的用字方法上得到一些启发，例如把“richesses”（财富）译为“riches”，把“la société”（社会）一般都译为“the society”，等等。有时候，像“denrée”（农作物）一字，在原著中首先用在较窄的意义上，后来又用在较广的意义上，所以就采用了不同的译法。为了避免错误地表达作者的原意起见，每当法文原字是一个专门名词或是用来表达一种以上的意义时，或者是为了显而易见的其他理由，译者总是在脚注中把它注出来。《公民评论》版本中所采用的标点，例如用冒号或分号把两三个句子贯串在一起，常常比现代书本中所用的标点更加清晰地使人体会到几个概念的连贯性，所以除了可以认为是排版人排错的地方以外，译者通常都把它们保留了。在采用大写字母方面（可以看出，在《公民评论》的第三次续稿中用大写字母的地方少得多），以及在排印格式的小节方面，译者都以《公民评论》版本为蓝本，希望能保留一点18世纪的风味。

读者将会发现，本书附录里的杜阁书信摘录，很有助于说明他的经济理论。摘录1、摘录3和摘录5早在1849年就已经由伯顿在《名人致大卫·休谟的书信集》中发表了；至于休谟所写的书信——摘录(2)和摘录(4)是这些书信的摘录——一直到最近才在里昂·萨伊编纂的《大卫·休谟：经济文集》中与世人见面；这部文集出版于1888年，是《经济学小丛书》中的一种。杜阁和休谟往来的书信，主要都是关于卢梭的，有关经济问题的文字只占很小一部分。休谟写给莫雷累的那封风趣盎然的信（摘录(10)就是这封信的一个片段）也发表在萨伊编纂的那本《大卫·休谟：经济文集》中。摘录(6)—(9)则是从谢耳在《经济学家学报》上的那篇论文和前面提到的《杜邦与重农学派》一书所载以前未曾刊行的杜阁书信中摘录的。对所有研究重农学派的学者来说,《杜邦与重农学派》一书是不可或缺的材料泉源。

请允许译者在完成这件翻译工作的时候补充两点意见。第一,尽管杜阁不喜欢以魁奈为中心的那个集团所具有的狭隘宗派主义精神,尽管在一些次要的理论问题上他自由地表示他不同意他们的看法,可是他的全部经济思想却仍然是被重农学派的基本概念所支配;这些基本概念在这本《关于财富的形成和分配的考察》中获得了最扼要、最明晰的表达。第二种意见是由近来关于亚当·斯密和杜阁或整个重农学派之间的关系的讨论而想到的。这一讨论虽然在最近已经获得一些有价值的文章(费尔波根:《斯密与杜阁》,1892 年出版;卡南给他自己编纂的斯密《讲演集》所写的"导言",1896 年出版;希格斯在《经济学报》1896 年 12 月号上发表的文章;以及哈斯巴赫在《政治学季刊》1898 年 1 月号上发表的文章),可是却不能认为讨论就此结束了。现在一般都承认,在亚当·斯密的著作中有不太少的地方都具有显著的重农学派的特征。人们可能会发现,对于《国民财富的性质和原因的研究》一书的写作,重农学派的贡献在另外两方面还更大一些——它使亚当·斯密想到了许多他本人永不会想到的问题,同时还给他提供了一些他本人永不会想到的词汇。

杜邦导言

（原载《公民评论》1769 年 11 月号，第 12 页）

长期以来，我们就请求本书作者让我们用它来充实我们的刊物。他一直没有爽快同意，因为他对他的意见的说明还没有作最后的整理；因为这些意见是他三年以前为了某种特殊目的而匆忙写下来的，他觉得他研究这个主题的方法好像还不够直接；因为，基于上述原因，他有时便不得不自己反复研究；同时因为他感到，这样他会引起人们反对的意见，而如果他能够在事先把问题用更有系统的方式表达出来，这些反对的意见是很容易避免的。每逢我们同他谈到这本书的时候，提出严格批判意见的总是他自己。我们毫不怀疑他具有足够的能力可以把这本书写得更为完美。然而由于他无法摆脱的重要工作给他留下来的闲暇时间太少，他不可能指望获得必要的时间来把这本书提高到他自己满意的程度；同时又由于即使在这些意见的现在状况下，我们觉得它们也足可以成为一部很能引人入胜的、很能产生效果的而且很对得起它们所讨论的重要主题的著作，因此，我们便坚请他允许我们把他的这些意见在我们的刊物上登出。为了友谊，他终于作出了在以往我们同他争论时他一直不肯作的牺牲。

关于财富[①]的形成和分配的考察

隐　　名

第一节　在平均分配土地、使每个人只拥有维持他自己生活所必需的土地这个假定下，是不可能有商业的。

如果把土地这样地分配给一个国家所有的居民，使他们每一个人恰好拥有维持他自己的生活所必需的土地，而毫无多余，那么，显然，既然大家都处于同等的情况下，就不会有人愿意为别人工作。同时，任何人手里也不会保有可以用来偿付别人的劳动的东西；因为既然每一个人仅仅拥有为生产他的生活资料所必需的土地，他必然会把他的全部收获都消费掉，而不会有任何可用以交换别人的劳动的东西。

① 法文原文为 Des richesses。

第二节　上述假定情况从来没有存在过，即使有也不可能继续下去。土壤的差别和需要的多样性导致了土地产品和其他产品的交换。

这种假定情况从来也不会存在，因为土地在没有被分配以前就早已被人耕种了；这种耕种本身是分配土地和保障个人财产的法律的唯一动因。那时首先从事耕种的人也许就他们实力之所及，能耕种多少土地就耕种多少土地，从而他们所耕种的土地就比维持他们的生活所必需的要多一些。

即使上述假定情况曾经存在过，它也不可能维持很久；如果每个人从他的土地上得到的除了他的生活资料之外别无他物，没有可以用来偿付别人的劳动的东西，那么他就只能用他自己的劳动来满足他居住和衣着等等方面的其他需要；而这几乎是不可能的；任何一块土地都不可能生产出所有的东西来。

一个拥有只适宜于种植谷物而不能生产棉花或大麻的土地的人，就不会有可用以蔽体的布匹。另一个人可能拥有一块只适宜于种植棉花而不能生产谷物的土地。第三个人可能没有取暖用的木柴；同时第四个人可能没有充饥用的谷物。经验很快会使每一个人知道他的土地最适宜于哪一种产品，从而他也就专门种植这一特殊农作物，以便通过和邻居交换而获得他所缺少的东西；他们每一个人都做过这种考虑以后，他们就都会只种植最适宜于他们的土地的农作物[①]，而不再种一切其他的东西。

第三节　土地产品必须经过较长的和艰苦的制作过程才能满足人类的需要。

土地为满足人类的种种需要而生产出来的各种农作物，大部分不能在自然界所给予它们的那种状态下达成这一目的；它们必须经受各种变化，而且必须经过人的加工。小麦必须先磨成面粉然后再做成面包；兽皮必须经过硝制或修整；羊皮和棉花必须经过纺绩；蚕丝必须从蚕茧里抽出来；大麻和亚麻必须经过水泡、剥皮和纺绩；接着还得把它们织成各种质地的材料；然后经过裁剪，再做成衣衫和鞋袜等等。如果那个使他的土地生产这一切不同的产品，并且用它们来满足他的需要的人，必须亲自进行这一切制作过程的话，肯定地说，他的成就必然是很坏的。这些制作过程，有一大部分都需要相当的照料、注意和长期经验，而这些又是必须通过不断的工作和使用大量材料才能得到的。以制革为例，这种制作过程要用好几个月，有时要用好几年，试问哪一个劳动者能够把这一过程中一切必要的细节都担任起来呢？即使他能够的话，他能为一张皮革而这样做吗？在时间、空间和材料各方面这是多么大的浪费！浪费掉的这部分时间、空间和材料本来是可以用来在同时或在一段连续的时间里硝鞣很大数量的兽皮的。即使他能够成功地硝好一张皮革，他却只需要一双皮鞋；剩下来的皮又怎么办

① 法文原文为 La denrée。

呢？他是不是要为这双皮鞋而宰掉一头牛呢？他会不会为他自己做一双木屐而砍掉一棵树呢？我们对于每一个人的一切其他需要都可以这样说，如果每一个人都必须依靠他自己的土地和他自己的劳动来满足他的一切需要，那么，他就会花费掉很多的时间和力气，而且在各方面都得不到好的东西，同时他的土地也会耕种得很坏。

第四节　这种种制作过程的必要性产生了以土地产品交换劳动的现象。

这样看来，促使不同土壤的耕种者之间相互交换农作物的动因，也必然引起土地耕种者同社会上另一部分人——这部分人宁可从事土地产品的制作和加工工作而不愿种植这些农作物——之间的农作物和劳动的交换。这种交换对于每一个人都有好处，因为既然每一个人都专门致力于一种工作，他在这方面的成就必然会好得多。农人[①]能够从他的土地上获得最大可能数量的产品；通过剩余产品的交换，他可以比用自己的劳动来生产时远为容易地获得他所需要的一切其他东西。鞋匠为农人制鞋，便获得后者的收获的一部分。每一个工人都为了满足一切他种工人的需要而从事劳动，而各种工人也就为他而劳动着。

① 法文原文为 Le Laboureur。

第五节　生产原料的农人比从事原料加工[①]的工匠更为重要。农人是劳动流通的第一个发动者[②];他就是使土地生产出一切工匠的工资[③]的人。

然而必须知道,农人为大家提供最重要的和数量最多的消费品(我指的是人们的食粮和差不多一切工业的原料),因此,他就处于一种独立性更大一些的有利地位。在社会的各种成员所分担的各种劳动的等级[④]中,他的劳动仍然保持着首要的和卓越的地位,正像他当初单独劳动、不得不自己满足他的各种需要时,为生产自己的食粮所用的劳动在其他各种劳动中所占的地位一样。这既不是荣誉方面的,也不是体面方面的首要地位,而是一种理所必然的首要地位。我们可以一般地说,纵然没有其他工人的劳动,农人照样可以生活;但是,如果农人不使工人能够生活的话,任何工人就无法劳动。这样看来,在这种由于互通有无,使人们互相依赖,从而成为社会纽带的流通过程中,提供原始动力[⑤]的就是农人的劳动。农人的劳动使土地能够生产他本人需要以外的东西,这些东西乃是社会中一切其他成员用他们的劳动交换得来的工资的唯一基金。当后者利用从这种交换中得来的代价再来购买农人的产品时,他们只不过是把他们从农人那里得来的东西扫数交回给农人

---

① 法文原文为 Qui prépare。

② 法文原文为 Le premier mobile。

③ 法文原文为 Le salaire。

④ 法文原文为 L'ordre。

⑤ 法文原文 Donne le premier mouvement。

而已。这里存在着这两种劳动之间的根本差别，必须着重地指出这种差别，以便弄清楚它所依据的事实，然后才能理解这种差别所产生的数不清的后果。

第六节　工人[①]的工资，由于工人们相互间的竞争，只限于他的生活资料。他所得到的仅能维持他的生活[②]。

只有双手和辛勤劳动的单纯工人，除了能够把他的劳动[③]出卖给别人以外，就一无所有。他可能或多或少地以高价出卖他的劳动；但是，无论这种价格是高一些或低一些，都不能完全由他本人来决定；这是他同那个购买他的劳动的人双方协议的结果。后者尽力压低这一价格；由于他有一大群工人可资挑选，他便优先选用那个讨价最低的工人。因此，在彼此竞争[④]的局面下，工人们不得不降低这一价格。在各部门工作中，情形都不会不是这样，而事实上也的确是这样：工人的工资只限于为维持他的生活所必需的东西。

第七节　唯有农人的劳动才能生产出超过劳动工资以外的东西。因此，他是一切财富的唯一源泉[⑤]。

农人的地位却大不相同。土地把他的劳动的代价直接偿付给

① 法文原文为 L'Ouvrier。
② 法文原文为 Sa vie。
③ 法文原文为 Sa peine。
④ 法文原文 À l'envi les uns des autres。
⑤ 法文原文为 L' unique source de toute richesse。

他，既不需要任何别人经手，也不需要任何协议。自然界并不同他讨价还价来迫使他满足于绝对必需的东西。它赐予他的东西，既不同他的需要成比例，也不同他的劳动日的价格的协议估值[①]成比例。这是比辛勤劳动和他用来使土地肥沃的手段的结果多得多的土地肥力和智慧的自然结果。农人的劳动一旦生产出多于他的需要的东西以后，他就能够用自然界在他的劳动工资以外作为纯粹礼物给予他的这种剩余产品，来购买社会中其他成员的劳动。后者在向他出卖这种劳动时所得到的东西只能维持他们的生活；但是农人除了维持生活的资料以外，还能得到一笔独立的、可以任意支配的财富，这笔财富并不是由他买进来的，而是要由他卖出去的。因此，他是财富——这些财富，通过它们的流通，激发社会的一切劳动——的唯一源泉，因为他是唯一的这样一种人，他的劳动生产出来的产品超过了他的劳动工资。

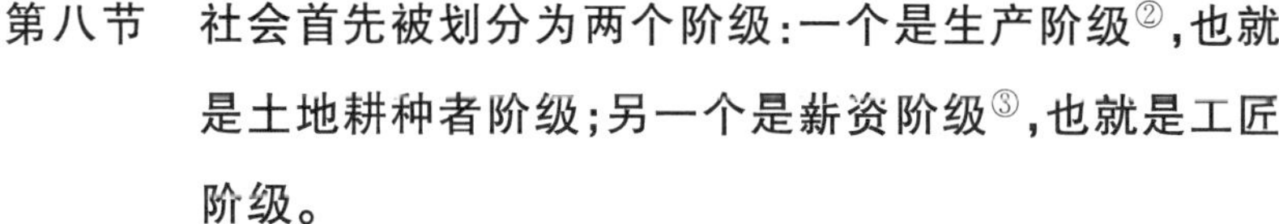

第八节　社会首先被划分为两个阶级：一个是生产阶级[②]，也就是土地耕种者阶级；另一个是薪资阶级[③]，也就是工匠阶级。

这时，由于事物发展的必然性，整个社会被划分为两个阶级；二者都同样地辛勤劳动着[④]。但是其中之一，通过它的劳动，从土

① 法文原文为 Une évaluation conventionnelle。

② 法文原文为 Productrice。

③ 法文原文为 Stipendiée。

④ 法文原文为 Toutes deux laborieuses。

地里生产出，或者更恰当地说，从土地里抽取出财富；这些财富不断地、周而复始地生长出来，为整个社会提供生活资料，为它的一切需要提供原料。另一个阶级则从事于这样生产出来的原料的制作工作，使它们具有适合于人们使用的形式。这一阶级将它的劳动出卖给前一阶级，换取它的生活资料。第一个阶级可以称为生产阶级，第二个阶级可以称为薪资阶级。

第九节 在最初的时代里，还不能把土地所有者和耕种者区别开来。

直到这里，我们还没有把农人和土地所有者[①]区别开来。事实上，他们原来并不是两种不同的人。只是通过那些最初耕种土地，并为了使收获成为己有而圈占土地的人的劳动，一切土地才不再是大家公有的东西，私有土地制度才建立起来。在社会组织还没有巩固，公共力量——也就是现在变得比个人力量更占优势的法律——还不能保证每一个人不致遭受外来的侵犯，可以安安稳稳地占有他的财产以前，一个人只能倚靠他当初取得土地的方法，并通过对土地的不断耕种，来保持他的土地所有权。让别人来耕种他的土地，不会是一件安全的事情，因为一个费了力气来耕种土地的人，很难理解为什么全部收成并不都归他所有。而且，在这个早期的年代里，由于每一个勤劳的人愿意要多少土地就可以得到多少土地，因此他也就绝不会想去为别人耕种土地。每个土地所

① 法文原文为 Propriétaire。

有者都必须亲自耕种他的土地，否则，他就必须根本放弃它。

第十节　社会的进步；一切土地都有了主人。

但是土地上住满了人，越来越多的土地被开垦了出来。最好的土地最后都被人占领了；为后来的人所留下的只有先来的人所不要的那些贫瘠的土地。但是，到了最后，一切的土地都找到了主人；那些没有得到产权[①]的人最初没有其他办法，只能从事薪资阶级的工作，用他们双手的劳动从从事耕种的土地所有者那里换取剩余的农作物。

第十一节　土地所有者开始能够把耕种劳动交由雇用的耕种者来负担。

但是既然土地不仅为耕种它的主人提供了他的生活资料，也不仅为他提供了用以交换他所需要的其他物品的东西，而且还提供了相当多的剩余，他能够利用这剩余来雇人为他耕种土地。对于依靠工资而生活的人来说，耕种土地来挣取工资同做别的工作来挣取工资并无分别。这样一来，土地所有权就可以同耕种劳动分离开来；不久就真的分离开来了。

① 法文原文为 Propriétés。

第十二节　产权分配的不平等；使这种现象必然发生的原因。

如上所述，原始的土地所有者最初是就他们实力之所及，看他们和他们的家属能够耕种多少土地就占领多少土地。一个体力较强、工作较辛勤、对未来较为关心的人所占领的土地，比一个性质与此相反的人所占领的要多些。一个家庭人口较多的人，由于需要较多，由于可供支配的人手较多，进一步扩大了他的产业；这里就出现了最初的不平等。所有的土地并不是同样肥沃的；两个拥有同样大的土地面积和同样多的劳动力的人，从土地上得来的产品数量可能很不相同；这是不平等的第二个原因。当土地由父亲手里转移到子女手里的时候，往往根据家庭人口的多寡把土地分成若干或大或小的份额；在一代又一代的继承过程中，有时这些遗产要更进一步地再行分割，有时则因有些宗支绝嗣，又重新归并起来；这是不平等的第三个原因。有些人聪明、活跃而且最重要的是节俭，另外一些人则懒惰、死板和浪费；这二者之间的差别是不平等的第四个原因，而且是最重要的一个原因。疏懒而不为将来打算的土地所有者，耕种得很坏，在丰年里把全部剩余随意浪费掉，即使遇到最小的意外，也得求助于比较勤谨的邻居，靠借贷生活。如果由于新的意外事件的发生，或是由于他继续地疏忽下去，他就无法清偿债务；在他不得不再举债时，他最后绝不会有其他的办法，只好把他的地产①的一部分，甚至全部，出让给愿意作为借款

① 法文原文为 Son fonds。

的等值物而予以接受的债权人;或是出让给另一个人,借以换取其他有价值的东西来清偿债权人的债务。

第十三节　这种不平等的后果:土地耕种者和土地所有者分离开来。

这时,地产就成了商业的对象,可以买进和卖出了。随意浪费或遭遇不幸的土地所有者所失去的土地,使比较幸运的或勤谨的土地所有者可以增加土地;在这种无止境地变化着的财富分配的不平等情况下,许多土地所有者必然会占有多于他们所能耕种的土地。而且,很自然的是:一个富足的人必会希望安安稳稳地享受他的财富;他不把他的全部时间都用在辛勤的劳动上,而情愿把他的剩余拿出一部分来给予那些愿意为他劳动的人。

第十四节　土地耕种者和土地所有者之间的产品分配。净产品[1]或收入。

通过这种新的安排,土地产品被分成为两部分。一部分包括农人的生活资料和利润,这是他的劳动报酬,也就是他为土地所有者耕种土地的条件。剩下来的就是那独立的、可以自由支配的部分,也就是土地当做一种纯粹的礼物给予耕种土地的人的、在他的

① 法文原文为 Produit net。

垫支[①]和劳动工资以外的一部分；这是土地所有者分得的份额，或收入[②]，有了这部分收入，他就不必劳动而可以生活，而且他可以随意把它花费在任何地方。

第十五节　社会再被划分为土地耕种者、工匠和土地所有者三个阶级，或生产阶级、薪资阶级和可以自由支配的阶级[③]。

这时社会便被划分为三个阶级：农人阶级，我们可以为它保留生产阶级这个名称；工匠和其他从土地产品上取得薪资者阶级；以及土地所有者阶级，也就是唯一的这样一个阶级，它不必为了生活的需要而被束缚于某种劳动上，从而可以从事于战争和司法行政这一类一般性的社会所需的工作，这类工作可以由这个阶级的成员亲自担任，也可以由他们拿出他们收入的一部分交由国家或社会雇用一些人来执行。因此，可以自由支配的阶级这一名称是最适合于这个阶级的一个名称。

第十六节　两个劳动的[④]或不能自由支配的阶级之间的类似点。

土地耕种者和工匠这两个阶级彼此之间有许多类似点，其中

① 法文原文为 Avances。
② 法文原文为 Revenu。
③ 法文原文为 Classe disponible。
④ 法文原文为 Laborieuses。

最重要的是它们的成员都没有收入，都靠工资生活，这种工资是从土地产品里付给他们的。二者还有这样一个共同之点：它们所得到的仅仅是它们的劳动和垫支的代价，而两个阶级的这种代价差不多是相同的；土地所有者和那些耕种土地的人讨价还价，希望尽可能地少给他们一部分产品，正像他和鞋匠讨价还价，希望尽可能以最低的价格购买他的鞋子一样。总而言之，土地耕种者和工匠所得到的东西都不可能超出他们的劳动报酬[①]。

第十七节　两个劳动阶级的主要区别。

但是在这两个劳动阶级之间有这样一种区别：土地耕种者的劳动除了生产他自己的工资以外，还生产出用来偿付[②]整个工匠和其他薪给人员阶级的收入；而工匠所得的则只是他们的工资，这就是说，他们所得到的只是用他们的劳动交换来的那部分土地产品，他们并不生产任何收入。土地所有者除了通过土地耕种者的劳动以外，什么都得不到；他从土地耕种者那里获得他的生活资料，并且获得他用以偿付其他薪给人员的劳动的东西。由于自然秩序的必然性，他需要土地耕种者，因为根据这种自然秩序，土地离开了劳动，便不能生产任何东西；但是土地耕种者之所以需要土地所有者则仅仅是由于人类习俗和民法，这种习俗和民法的任务就在于保障最初的土地耕种者和他们的子孙所已占有的土地的所

① 法文原文为 La rétribution。

② 法文原文为 Salarier。

有权，即使他们已经不再亲自耕种这些土地。但是这些法律对于这种并不亲自参加劳动的人，只保证他们可以取得土地产品的一部分，即在土地耕种者应当取得的报酬[①]以外的那一部分。土地所有者不得不把土地耕种者应得的报酬交出来，否则就会失去全部的产品。至于土地耕种者，虽然他只得到他的劳动的报酬，他却因此保持着那种自然的和物质方面的首要地位，这种地位使他成为整个社会机器的第一个发动者，使他本人的生活资料连同土地所有者的财富以及所有其他劳动者的工资都完全依靠他的劳动。与此相反，工匠只获得他的工资[②]，无论这种工资是来自土地所有者或来自土地耕种者，而且在交换他的劳动时，他所给予他们的只是工资的等值物，再也不会多一些。

因此，虽然土地耕种者和工匠都不能得到比他们的劳动报酬多一些的东西，然而土地耕种者除了这种报酬以外，还生产了土地所有者的收入；而工匠则既不能为他自己也不能为别人生产任何收入。

第十八节　这种区别就是他们被区分为生产的和不生产的两个阶级的理由。

因此，我们可以把这两个不能自由支配的阶级区分为生产阶级，即土地耕种者阶级，以及不生产[③]阶级，即包括社会中所有其

① 法文原文为 La rétribution。

② 法文原文为 Son salaire。

③ 法文原文为 Stérile。

他薪给人员的阶级。

第十九节　土地所有者怎样能从他们的土地里提取收入。

那些不亲自耕种他们的土地的土地所有者,可以采用各种方法来耕种他们的土地,或者说,可以用那些耕种他们的土地的人作出种种不同的安排。

第二十节　第一种方法:由那些接受工资[①]的人来耕种。

第一,他们可以按日或按年雇人来耕种他们的土地,自己保留全部产品;采用这种方法的前提是,在收获完毕之前,土地所有者必须将种子和工人的工资都垫支出来。但是这种方法有一个缺点:土地所有者必须耗费很多心力辛勤照料,只有他本人才能指导工人操作、监督他们对时间的利用和注意他们是否忠诚老实,不偷窃他的任何产品。诚然,他也可以雇用一个比较精明而其忠诚又是他所深悉的人,使其充当监工或经理来指导工人并管理产品账目;可是他总会有受骗的危险。此外,采用这种方法开支很大,除非是存在着大量的人口而同时其他职业缺少就业的机会,从而迫使工人满足于很低的工资。

① 法文原文为 Salariés。

第二十一节　第二种方法:由奴隶来耕种。

在社会刚刚开始形成的时期,要想找到愿意耕种别人土地的人,几乎是一件不可能的事情;因为这时土地还没有被人全部占领,所以凡是愿意劳动的人都情愿开垦新的土地,为他们自己耕种它们。这与人们在所有新殖民地里所处的情况是大体相同的。

因此,强暴的人就想使用暴力来强迫别人为他们劳动;于是他们就有了奴隶。从这些不侵害人类的一切权利就无法把别人变成奴隶的人那里,奴隶是不能希望得到正义的。然而自然规律仍旧保证他们可以从他们使土地生产出来的产品中取得他们的份额,因为他们的主人为了利用他们的劳动,必须养活他们。可是这种工资只限于最低的维持生命的必需品。

这种可怕的奴隶制度曾经一度是很普遍的,而且目前还在地球的大部分地区存在着。古代人彼此之间进行的那些战争的主要目的就是掠夺奴隶,由战胜者带回去为他们的利益而劳动,或者是卖给别人。这种掠夺行为和这种买卖现时仍旧在几内亚的沿海一带非常可怕的盛行着,那些到这里来购买黑人以开发美洲殖民地的欧洲人助长了这种凶焰。

贪得无厌的奴隶主逼使他们的奴隶做过度的劳动,使很多奴隶死亡;为了经常保持足够数目的奴隶来进行耕种,就有由这种交易每年提供大量奴隶的必要。由于一向都是由战争来为这种交易提供主要的来源,显然,就只有在人们被划分为若干小的国家而不断地互相厮杀,只有在每个村落对其毗邻村落不断作战的情况下,这一主要来源才能继续存在。即使英国、法国和西班牙互相进行最激烈的战争，战争所波及的区域仅仅是每个交战国的边境，而且只限于少数的地点。凡未遭兵灾的地方仍将安谧，它们双方所能俘获的少数俘虏，对于这三个国家的任何一国来说，都不足以为农业提供足够的奴隶来源。

第二十二节　利用奴隶来耕种的方法不能在大型社会中继续实行。

因此，当人们集合在一起而组成大型社会的时候，便不会再有足够的奴隶后备军来代替农业方面已经使用得不堪再用的奴隶。虽然人类劳动可以用兽力来补充，可是总有一天土地再也不能利用奴隶来耕种。那时，奴隶的使用将只限于家务劳动；到了最后，这种制度必然会全部消灭，因为随着各个国家变成文明国家，它们在战俘的交换方面可能达成协议。由于每一个人对于摆脱沦为奴隶的危险都极端关注，这种协议便更易达成。

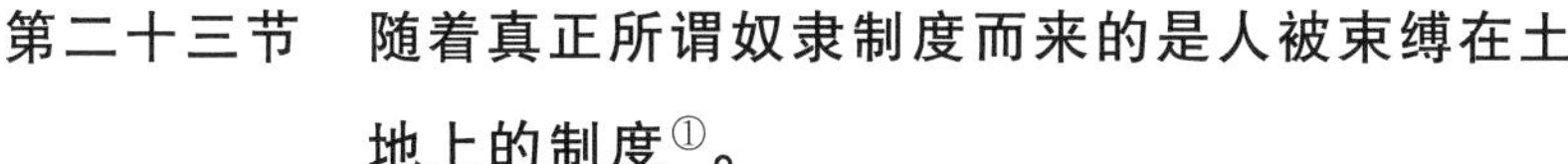

第二十三节　随着真正所谓奴隶制度而来的是人被束缚在土地上的制度[1]。

原来从事耕种的第一批奴隶的子孙自己改变了自己的生存状态。由于几个国家保持了国内的和平，商业再也无法满足过度地

① 法文原文为 L'esclavage de la glêbe。

使用奴隶这一需要，因此，奴隶主便不得不对他们的奴隶表示相当的体恤。那些在奴隶主家里生育出来的奴隶，由于从小就习惯于自己的生活状况，对于这种状况的愤恨要差一些，奴隶主也就不太需要用残酷的手段来控制他们。他们所耕种的那一部分土地渐渐地变成了他们的故乡。除了他们主人的语言以外，他们没有别的语言；他们变成了这一国家的一部分；他们彼此之间渐渐熟悉起来，结果，主人对他们开始信任，并以人道来对待他们。

第二十四节　领地制度接替了人被束缚在土地上的制度，奴隶变成土地所有者。第三种方法：让渡土地[①]以换取一种定额的报酬[②]。

管理由奴隶耕种的田产[③]需要烦琐的照料和一处令人讨厌的奴隶住所。奴隶主往往通过使他的奴隶对耕种土地发生兴趣，并在他们对他缴纳一部分收获的条件下给予每一个奴隶一块土地的办法，来使自己更自由地、更轻松地而且更安全地享用他的产业。有些人暂时作了这样的安排，只给他们的农奴一种靠不住的、可以收回的所有权。另外一些人则长期地出让了他们的田产，而征收一种按年以实物或货币缴纳的地租，并勒使保有他们产业的人履行一定的义务。那些根据规定的条件承受土地的人，便在佃农或领地人的名义下，变成了土地所有者和自由人；而原来的那些土地

① 法文原文为 Le fonds。

② 法文原文为 Une redevance。

③ 法文原文为 Un bien。

所有者则以领主的名义仅仅保留着榨取地租和其他规定的应得物的权利。欧洲大部分地区的情形就是如此。

第二十五节　第四种方法:对分佃耕制[①]。

在缴纳地租的条件下已变为自由领地的这种田产,由于继承和出卖,还是可以改变它们的所有者,还是可以被分割和重新归并起来的;到了某一领地人的手里,他又可以拥有比他本人所能耕种的更多的土地。在一般情况下,这种土地所需缴纳的地租并不太高;只要好好地耕种,在土地耕种者的各种垫支、各种开支和生活资料以外,还可以获得形成一种收入的剩余产品;因此,那个作为领地人的土地所有者可能也想不劳动而享受这种收入,而让别人来耕种他的土地。此外,多数的领主所让渡的土地只不过是那些离他们最远的土地,至于那些可以用较少的费用来耕种的土地,他们仍旧保留下来。既然已不能再使用奴隶来耕种,那么,最先出现的和最简单的诱使自由人来耕种不属于他们的土地的方法,就是把一部分果实分配给他们;这种方法可以促使他们把土地耕种得比用固定工资雇用的工人更好一些。最通行的分配方法就是对分,一半果实归农民[②],另一半归土地所有者。由于这种方法的实行,才出现了对分佃农这一名称,也就是说,分得相等的一份的农民。在这样的安排下——法国大部分地区都有这种安排——土地

① 法文原文为 Colonage partiaire。

② 法文原文为 Le Colon。

所有者垫付耕种方面的一切费用；这就是说，从农民开始进行对分佃耕那一天起，直到第一次收获为止，土地所有者就独力提供耕畜、犁锄和其他农具、种子以及农民及其家属的生活费用。

第二十六节　第五种方法：土地的包租[①]或出租。

聪明而富裕的土地耕种者，觉得如果不惜劳力和费用来进行积极的、有很好指导的耕作，就可以大大提高土地的收成，他们有充分理由断定：如果土地所有者同意在他们向他按年缴纳一笔固定收入和垫支全部耕种费用的条件下，在一定的年限内，让他们得到每次收获的全部产品，那么，他们就可以得到更多的好处。这样他们就可以肯定，由于他们的开支和劳动而增加的产品，将全部归他们自己所有。对土地所有者来说，他也可以因此而更安稳地来享受他的收入，因为他不必再为作种种垫支和管理产品账目而操心；他也可以因此而获得更均匀的享受，因为他每年所收入的土地代价完全相等；他也可以因此而获得更可靠的享受，因为他不必再冒丧失垫支的风险，而且农业经营者为农场购置的牲畜和其他动产都变成了保证他的收入的担保品。此处，由于租期[②]不过几年，如果农业经营者所出的地租过低的话，他还可以在租约满期时加租。

① 法文原文为 Fermage。

② 法文原文为 Le bail。

第二十七节　最后的这种方法是最方便的方法，不过采用这种方法应以地区已属富庶为先决条件。

这种把土地出租的方法，对于土地所有者和土地耕种者双方都是最方便的。凡是有能够垫支耕种费用的富裕耕种者的地方都实行了这种方法；由于富裕耕种者可以为土地提供更多的劳动力和肥料，因此就大大地增加了田地[①]的出产和收入。

在皮卡尔迪、诺曼底、巴黎附近和法国北部大部分省份，土地都是由农业经营者[②]耕种的。在南部各省，土地是由对分佃农耕种的；法国北部各省比起南部各省来，不仅富裕得无法比拟，而且在土地的耕种方面也好得无可比拟。

第二十八节　扼要重述各种使土地提供收益[③]的方法。

我已经列举了五种不同的使土地所有者本人能够不从事耕种劳动而利用别人的双手来使他们的土地提供收益的方法。

第一种方法是由领取固定工资的雇工来耕种。

第二种方法是由奴隶来耕种。

第三种方法是在缴纳地租的条件下出让土地。

第四种方法是把农产品的一个固定份额——通常是一半——

① 法文原文为 Biens fonds。

② 法文原文为 Fermiers。

③ 法文原文为 De faire valoir les terres。

分给土地耕种者，而由土地所有者负责垫支耕种方面的费用。

第五种方法是把土地出租给农业经营者，由农业经营者垫支耕种方面的一切费用，并应许在议定的年限以内向土地所有者缴付一种固定不变的收入。

在这五种方法中，第一种开销太大，很少被人采用；第二种只能在那些仍然是愚昧而野蛮的国家里实行；第三种与其说是一种从产权上获得能够得到的东西的方法，不如说它是以取得土地留置权①为条件而交出产权，所以，原来的土地所有者，确切地说，只不过是新的土地所有者的债权人。

最后的两种耕种土地的方法是被人们采用得最普遍的方法，这就是说，在贫苦的地区里由对分佃农来耕种土地，在比较富裕的地区里则由农业经营者来耕种土地。

第二十九节　论一般的资本，并论货币的收入。

另外还有一种不必劳动而且不必占有土地就可以致富的方法，关于这种方法，我还没有说到过。必须说明一下它的起源和它与我刚才已述其梗概的社会中分配财富的其他制度的关系。这种方法就是依靠所谓货币的收入，或者说，依靠从贷款所得的利息而生活。

① 法文原文为 Une créance sur le fonds。

第三十节　论商业中黄金和白银的用途。

白银和黄金，像其他东西一样，是两种商品[①]，不过它们没有许多别的东西那样宝贵，因为它们对于生活的实际需要并没有用处。为了说明这两种金属怎样变为各种财富的代表性的担保品[②]，它们在商业活动中产生什么影响以及它们怎样成为财产组成部分，我们还必须回头来追溯一下。

第三十一节　商业的由来。商品的评价[③]原则。

相互的需要导致了人们的互通有无。人们用一种产品[④]交换另一种产品，或者用产品交换劳动。在这些交换中，交换的双方必须就交换的每种产品的质量和数量达成协议。在这种协议中，当事的每一方当然都想尽力多收进一些而少交出一些；由于双方都是他们在交换中所要交出的东西的主人，所以每一方都必须就他对他所交出的那种商品的爱好和他对他所希望收进的那种商品的欲望加以衡量，据以决定被交换的东西的各自数量。如果双方的意见不能取得一致，他们就必须相互让步，交出多一点而满足于收进少一点。假设一方需要谷物而另一方需要葡萄酒。再假设他们

① 法文原文为 Marchandises。

② 法文原文为 Le gage représentatif。

③ 法文原文为 L'évaluation。

④ 法文原文为 Une denrée。

同意用一蒲式耳谷物交换六品脱葡萄酒。显然，他们双方都把一蒲式耳谷物和六品脱葡萄酒看做是完全相等的；也显然，在这次交换中，一蒲式耳谷物的价格是六品脱葡萄酒，而六品脱葡萄酒的价格是一蒲式耳谷物。可是其他的人在另一次交换中，这种价格就可能根据当事的一方对另一方所有的商品的需要是否迫切而有所不同；一蒲式耳谷物可能换得八品脱葡萄酒，而另一蒲式耳谷物却只能换得四品脱葡萄酒。现在，很明显，在这三种价格中，不能认为哪一种是一蒲式耳谷物的真实价格[①]，而其他两种则不是；因为就达成协议的每一方来说，他所收进的葡萄酒就是他所交出的谷物的等值物；总之，如果我们把每一次的交换行为当做一种孤立的、单独存在的现象来看待的话，那么，每一种被交换的物品的价值，除了协议双方互相平衡的需要或欲望以及资力以外，便没有其他衡量尺度，而物品的价值只能由当事人双方意见的一致来规定，而不由任何其他东西来规定。

第三十二节　现行价值[②]在商品交换中是怎样成立的。

不过，有时会发生这样的情况：同时有几个人都想把葡萄酒卖给那个拥有谷物的人；如果其中某一人不愿意以多于四品脱的葡萄酒来交换一蒲式耳谷物的话，当谷物所有者知道另外有人愿意以六或八品脱葡萄酒来换取这一蒲式耳谷物的时候，他就不会把

① 法文原文为 Le prix véritable。

② 法文原文为 La valeur courante。

谷物卖给他。如果前者希望得到谷物，他就不得不把买价提高到出价高的人的水平。出卖葡萄酒的人可以利用出卖谷物的人彼此之间的竞争而得到好处；因为任何人在没有比较对他提出的他所需要的商品的各种不同数量之前，都不会决定卖掉他的商品，他要选择出价最高的人。谷物和葡萄酒的价值从此不再在两个孤立的个人之间，根据他们的相对需要和能力而争来争去了；这种价值将决定于全体[①]出卖谷物的人的需要和能力[②]与全体出卖葡萄酒的人的需要和能力之间的平衡。当那个本来愿意出八品脱葡萄酒来交换一蒲式耳谷物的人，发现有一个谷物所有者同意用二蒲式耳谷物来换取八品脱葡萄酒以后，他将只肯交出四品脱葡萄酒来换取一蒲式耳的谷物。介于各种不同的供给和各种不同的需求之间的中间价格[③]将成为所有买主和卖主在进行交换时所遵循的现行价格；我们可以正确地说，在供给方面或者在需求方面有所减缩以致这种估价发生变化之前，就每个人来说，六品脱葡萄酒就是一蒲式耳谷物的等值物，如果这是一种平均价格的话。

① 法文原文为 La totalité。

② 法文原文为 Les facultés。

③ 法文原文为 Le prix mitoyen。

第三十三节　商业使每种商品都有一种对其他各种商品来说的现行价值；因此，每种商品都是一定数量的各种其他商品的等值物，可以把它当做代表各种其他商品的一种担保品。

谷物并不只是同葡萄酒来交换，而且也同谷物所有者可能需要的一切其他物品来交换；同木柴、皮革、羊毛、棉花等等来交换。同葡萄酒交换和同其他农产品[①]交换都是一样的。如果一蒲式耳谷物是六品脱葡萄酒的等值物，而一只羊是三蒲式耳谷物的等值物的话，这一只羊便是十八品脱葡萄酒的等值物。一个有谷物而需要葡萄酒的人，可以很方便地用他的谷物先换取一只羊，以便以后用这只羊来换取他所需要的葡萄酒。

第三十四节　每种商品都可以用来作为衡量所有其他商品的价值的尺度或共同标准。

由此可见，在一个商业繁盛、有大量生产和大量消费、对各种商品都有许多供给和许多需求的国家里，每种商品对每种其他商品都会保有一种现行价格；这就是说，一定数量的某种商品将是一定数量的每种其他商品的等值物。因此，价值等于十八品脱葡萄酒的这一数量的谷物，其价值也会等于一只羊、一块硝鞣过的皮革

① 法文原文为 Denrée。

或一定数量的生铁;而所有这一切物品,在商业中都具有一种相等的价值。显然,为了表达并使人知道任何一种物品的价值,只需说出可被认为是它的等值物的任何一种已知的其他商品的数量就行了。举例来说,为了使人知道一块一定尺寸的皮革的价值,我们既可以说它的价值是等于三蒲式耳谷物,也可以说它的价值是等于十八品脱葡萄酒。我们可以同样地用那种在商业中已有定价的若干只羊或若干蒲式耳谷物来表达一定数量的葡萄酒的价值。

这样,我们就可以看出,凡能作为商业对象的任何商品,可以说是都可互相衡量;每一种商品都可以作为一种共同标准或比较的尺度,用它来衡量其他一切商品的价值;同样,每种商品在它的所有者的手里都变成了取得其他一切商品的手段——一种普遍性的担保品。

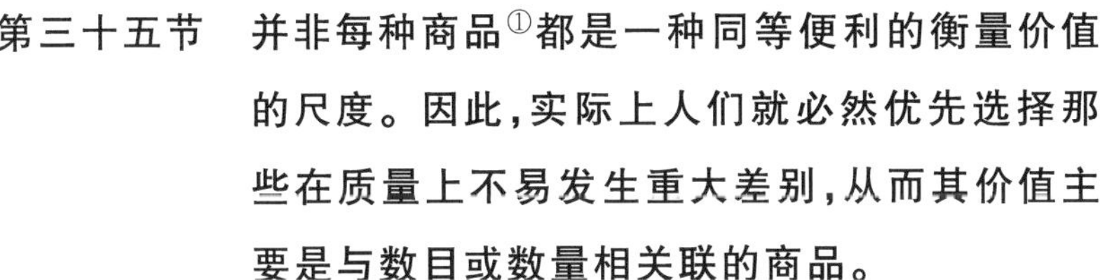

第三十五节　并非每种商品[①]都是一种同等便利的衡量价值的尺度。因此,实际上人们就必然优先选择那些在质量上不易发生重大差别,从而其价值主要是与数目或数量相关联的商品。

但是,虽然一切商品基本上都具有代表一切其他商品的特性,虽然都能作为一种表达一切其他商品的价值的共同标准,而且都能作为一种通过交换取得一切其他商品的普遍性担保品,然而并不是所有的商品都可以同等便利地被用来达成这两种目的。一种

---

① 法文原文为 Marchandise。

商品的价值越是容易随着它的质量而按比例地[①]发生变化,也就越难把它当做衡量其他商品价值的一种尺度。例如,假使十八品脱安茹出产的葡萄酒是一只羊的等值物,那么,十八品脱好望角出产的葡萄酒将是十八只绵羊的等值物。因此,如果一个人为了表达一只羊的价值而说它是十八品脱葡萄酒的等值物的话,他的说法便是含糊不清的,并且没有表达出一种确切的概念,至少在他没有加上许多说明以前是如此,而加上许多说明这一件事又未免太不方便。因此,人们在选择他们的比较尺度时,就不得不优先选择这样的一些商品[②]:它们比较普遍地为人所使用,从而具有为人所熟知的价值,它们彼此之间的类似程度较大,从而它们的价值与数目或数量之间的关系比与质量之间的关系更为密切。

第三十六节 价值和数目或数量之间缺少确切的一致性的那种情况已由一种平均估价[③]予以弥补,这种平均估价变成了一种理想的货币。

在一处只有一种羊的地区里,一只羊身上一次剪下来的羊毛或者一只羊可以很方便地被拿来作为衡量价值的共同标准;我们可以说,一桶葡萄酒或一匹布的价值等于一定数量的羊毛或羊。实际上,在羊群中也存在着某种不相等的情况;可是,在实际出卖羊的场合,人们是会考虑到这种不相等的情况的,例如把两只小羊

① 法文原文为 À raison de。

② 法文原文为 Denrées。

③ 法文原文为 Une évaluation moyenne。

算作一只羊。而在评价任何其他商品的场合，人们会把一只中等年龄和中等身体状况的羊的一般价值作为他们的估价单位[①]。这样，用羊只来表达价值就变成了一种习惯说法，而一只羊这个词，在商业用语中就单纯地意味着一定的价值；这使听见这个词的人在心目中不仅有一个关于一只羊的概念，而且还有被看作是这一价值的等值物的一定数量的各种其他更普通的产品[②]的概念；这一表达方式最后将被用来完全代表一种虚构的和抽象的价值，而不是被用来代表一只真正的羊，因此，如果在羊群中偶然发生了瘟疫，人们为了得到一只羊而必须付出比此前多一倍的谷物或葡萄酒时，他们就会说一只羊值两只羊，而不改变他们此前表达一切其他价值时所惯用的那种表达方式。

第三十七节　举例说明变成为表达价值的一种理想方式的这些平均估价。

在一切国家的商业领域中，我们对于用商品来作这些虚构的估价的许多例子已经司空见惯了。这些虚构的估价可以说只是表达商品的价值的一种习惯用语。举例来说，那些供应豪门巨族的巴黎厨师和鱼贩，一般都是按件来出卖他们的商品的。一只肥的小母鸡按一件计算，一只小鸡则按半件计算，计算的标准或多或少是以季节变化或其他种种原因为依据的。在同美洲殖民地进行的

① 法文原文为 Pour unité。

② 法文原文为 Des denrées。

奴隶贸易中，一船黑人的货儎是按照一口黑人多少钱来出卖的。妇女和儿童的计算方法是，例如，三个儿童或甚至一个妇女加一个儿童算一口黑人。这种估价随着奴隶的体力和其他条件的不同而提高或减少；因此，某一个奴隶也许可以被算作两口黑人。

那些同阿拉伯商人进行金沙贸易的曼丁哥黑人用一种虚构的尺度来衡量他们的一切商品的价值；这种尺度的构成单位称为马库特(macutes)，所以他们在进行贸易时往往对阿拉伯商人说，他们提供多少马库特黄金。同样，他们对于买进的商品也用马库特来计算它们的价值；他们和阿拉伯商人的讨价还价都以这种估价为依据。荷兰人也用银行弗罗林(bank florins)作为计算价值的标准。银行弗罗林只不过是一种虚构的货币；在商业中，它的价值有时高于、有时低于被称为弗罗林的那种货币的价值。

第三十八节　每种商品都是代表一切商品的一种担保品；但在实用上这种商品是否方便则取决于它是否容易转运，是否容易保存而不变质。

各种商品质量方面的差别以及因此而发生的价格方面的差别，一方面使各种商品在被用来作为一种共同的衡量标准时，有的商品要比其他商品更为适宜，有的则没有其他商品那么适宜，另一方面这多少也妨碍它们成为价值相同的其他各种商品的一种代表性担保品。虽然如此，在后面这一属性方面，在各种不同商品之间也存在着极大的歧异。例如，很显然，一个拥有一匹布的人，当他需要谷物的时候，必然会比一个拥有同等价值的一桶葡萄酒的人更有把握地换得一定数量的谷物；因为葡萄酒这种东西可以遭受无限多的意外事故，使人在瞬息之间失去它的全部价值。

第三十九节　每种商品都具有货币的两种基本属性，即衡量一切价值和代表一切价值的属性；在这一意义上，每种商品都是货币。

商品的这两种属性——一切价值的共同衡量标准和价值相同的一切商品的代表性担保品——把所有构成所谓货币的本质和效用的东西都包括在内了；依照我刚才讨论过的各种细节看来，一切商品在某些方面都是货币，而且按照每种商品的性质，都或多或少地具有这两种基本的属性。它们都根据用途是否普遍、质量是否相同、是否容易分割为若干价值相等的部分，而或多或少地适宜于作为一种共同的衡量标准。它们也都按照在数量方面或在质量方面能经久不坏和能固定不变的程度而或多或少地适宜于作为交换中的一种普遍性的担保品。

第四十节　反过来说，一切货币基本上也都是商品。

我们只能够把那种本身具有一种价值、在商业中和其他价值交换时可以被接受的东西，作为衡量价值的标准；除了另外一种具有同等价值的东西以外，没有任何一种东西可以作为有普遍代表性的价值的担保品。因此，一种纯粹的惯用货币是不可能存在的。

第四十一节　各种不同的物品都可以而且实际上已经作为通常的货币。

许多民族曾在其语言中和商业中把比较贵重的不同物质当做衡量价值的共同标准；甚至在目前还有某些未开化的民族使用一种称为考利特(Caurits)的小贝壳。我还记得在大学里读书时，曾经看见过同学们在各种不同的游戏中把杏黄色的石子作为一种货币，彼此交换，相互授受。我在上面也提到过用牲畜的头数来计算的事实。我们可以从摧毁罗马帝国的古代日耳曼民族的法律条文中找到这类痕迹。早期的罗马人，或者至少是他们的祖先拉丁人，也曾用牲畜作为计价的标准，据说，最初铸造的铜币所代表的就是一只羊的价值，所以上面铸着一只羊的形象；pecunia(货币)这个名词的来源就在于此，它是从 pecus(牲畜)这个字衍化出来的。这种推测有很大的可靠性。

第四十二节　金属，尤其是黄金和白银，比其他任何物质更适宜于这种目的；理由的说明。

我们这就谈到商业方面使用贵重金属这件事了。一切金属一个接着一个地被人们发现以后，人们就按照它们实际效用的大小，在交换中使用起来。它们所具有的灿烂的光泽，使人们寻找它们作为装饰品；它们所具有的柔韧性和坚实性，使它们适宜于制造比黏土容器更经久耐用、更轻便的容器。但是，这些物质不能在商业方面发生作用，除非它们很快就变成具有普遍性的货币；任何一块金属，无论它是什么金属，它的质量和另一块同类的金属的质量完全相同，只要它们的纯度相等；而且，通过各种化学作用，一种金属就能和混杂在它里面的其他金属分离，这种便利就经常使我们有可能把它精炼到我们所要求达到的纯度，或者像人们所说的那样，精炼到我们所要求的**成色**；因此，这种金属的价值就只能随着重量的变化而变化了。这样一来，当我们利用在交换中付出的金属的重量来表达每种商品价值的时候，我们对于一切的价值就有了一种最清楚、最方便和最准确的表达方式；因此，人们在实践中就不可能不优先采用金属，而不采用其他商品作为衡量价值的标准。就成为它们所能衡量的一切价值的普遍性担保品一点来说，金属也不比其他商品更不适宜；由于它们易于分割为人们所能想象得到的任何细小单位，没有任何一种商品的价值——无论是大是小——不能准确地用一定数量的金属来偿付。除了它们具有便于分割为各种单位的这一优点以外，它们还具有质量经久不变这一种优点：而且，像黄金和白银这类稀有的金属，在不大的重量和体积中却有很大的价值。

因此，在一切商品中，黄金和白银这两种金属，是质量最便于鉴别、数量最易于分割、能永久保存而不变质、能以最低廉的运费把它们运输到一切地方去的东西。凡拥有某种剩余商品而暂时又不需要用别的商品的人，都会急于把剩余商品换成货币；拥有货币比拥有其他任何东西更能使他有把握地在他需要的时候取得他所希望得到的商品。

第四十三节　由于自然之理，黄金和白银构成了货币，而且构成了具有普遍性的货币；这件事与一切习俗和一切法律都不相干。

因此，我们就采用了黄金和白银作为货币，而且作为具有普遍性的货币；这件事的发生并不是由于人为的习俗，也不是由于法律的干预，而是由于自然之理。它们并非像许多人所揣想的那样是价值的标志；它们本身就具有价值。如果说它们便于作为其他价值的衡量标准和担保品的话，那么它们和所有在商业中具有价值的其他商品都具有这种属性。它们所以和其他商品不同，只是因为它们比其他商品更便于分割、更不易剥蚀、更易于搬运，因此，用它们来衡量价值和代表价值就更为方便。

第四十四节　使用别种金属来达到这种目的只不过是辅助性的措施。

一切金属都可以当做货币使用。不过那些非常普通的金属，由于体积大而价值小，就不便于在日常交易中使用。铜、白银和黄金是人们经常采用的仅有的几种金属。除了某些还没有能够从矿藏中或从商业中获得足够数量的黄金和白银的民族以外，甚至铜也只在最小的价值的交换中才为人们所采用。

第四十五节　把黄金和白银当做货币来使用，这便提高了它们作为物资[①]的价值。

每个人都热衷于设法把他的各种剩余产品[②]换成黄金和白银，而不把它们换成任何其他产品，这种现象不能不大大地提高这两种金属在商业中的价值。这样一来，它们就更适宜于被用来作为担保品和共同的衡量标准了。

第四十六节　黄金和白银与其他商品对比以及二者互相对比的价值的变化。

这种价值很容易发生变动，而且事实上继续不断地在发生变动；所以原来和一定数量某种商品相对应的同一数量的金属，后来可能变为不相对应，而需要用更多或更少的货币来代表这种商品。如果某种商品所需要的货币多了，人们就说这种商品比以往贵了；如果所需要的货币少了，人们就说这种商品比以往便宜了；可是人们可以同样正确地说，在前一场合是货币便宜了，而在后一场合是货币涨价了。黄金和白银的价格不仅在同其他一切商品对比时会发生变动，而且由于金银在数量上的增减，金银彼此间的价格对比也会发生变动。众所周知，欧洲目前是用**十四到十五盎司白银**兑

① 法文原文为 Comme matière。

② 法文原文为 Denrées。

换一盎司黄金，以往则只用十到十一盎司白银兑换一盎司黄金。在中国，甚至在目前，人们还只用十二盎司白银兑换一盎司黄金；因此，把白银运到中国去，换成黄金回到欧洲来，是很有利可图的。显然，这种交易长此以往必然会使黄金在欧洲越来越多，而在中国则越来越少，结果，这两种金属的价值肯定会在任何地方都达到同一的比例。

形形色色的原因汇合起来，共同规定每个时期各种商品彼此间的对比价值，或它们同货币间的对比价值，并使它们不断地发生变动。这些原因也决定着货币的价值，并使货币价值在与每种个别商品的价值对比时，或在与商业中实际存在的其他各种价值的总和对比时发生变动。除非深入到十分广泛和十分难以解决的细节中去，我们不可能弄清这些不同的原因和说明它们所产生的影响，但我不打算深入到这方面的探讨中去。

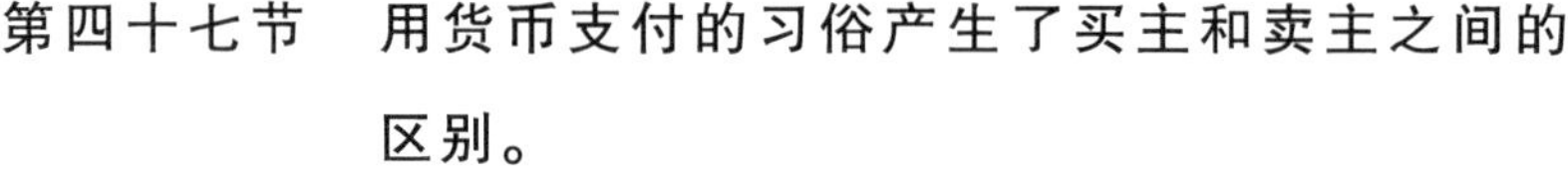

第四十七节　用货币支付的习俗产生了买主和卖主之间的区别。

人们日益习惯于用货币来衡量每种物品的价值，把他们的一切剩余产品换成货币，并仅用货币来换取那些当时对他们有用的或是他们所喜爱的东西，随着这种做法，他们也就逐渐习惯于从一种新的观点来考虑商业交易。他们已将商业交易中的两种人，即卖主和买主区别开来。卖主是用商品来换取货币的人，而买主则是用货币来换取商品的人。

第四十八节　使用货币的实践大大促进了不同社会成员之间各种不同劳动的分工。

当货币越来越能代表其他一切物品的时候，每个人也就越能通过专门从事于他所选择的那种耕种事业或工业，使自己完全不必照管满足其他需要的事情，而只考虑怎样可以通过销售他的劳动果实而获得尽量多的货币，因为他明确地知道，凭着这种货币，他可以买到一切其余的东西。由此可见，货币的使用大大地加速了社会的进步。

第四十九节　关于积累起来作为资本的年产品的储备。

只要发现了这样一些人，他们的田产保证他们能够得到一笔多于足够满足他们全部需要的年收入，那么，我们也一定可以发现这样一些人，他们或者因为关心着他们的未来，或者只是由于审慎，从每年的收获中提出一部分作为储备，借以应付可能发生的意外事故，或者用来增加他们生活方面的舒适。如果他们所收获的产品不容易保存，他们就必须设法在交换中为他们自己取得比较耐久的、其价值不致因时间关系而受到损失的商品，或者可以被用来挣取利润的商品，这种利润将以更多的收入来补偿价值方面所受到的损失。

第五十节　可动的财富[①]。货币的积累[②]。

这种由于把没有消费掉的年产品积累起来而保有的东西称为可动的财富。家具、房屋、餐具、库存商品、各种行业的工具和牲畜都属于这类财富。显然，在人们还没有熟知货币之前，他们总是努力工作，借以尽多地取得这类财富；可是同样明显，一旦人们发现了而且证实了货币在一切商品中最能经久不变、最易保存而不惹起麻烦之后，凡是想要积累财富的人便必然会尽先去寻求货币。采用这种方法来积累他们的剩余产品的不只是土地所有者。虽然工业利润与来自土地的收入有所不同，它不是自然界的赐予，同时从事工业的人从他的工作中所获得的，只不过是付给他工资的人为此而给予他的代价；虽然支付工资的人在支付工资时总是尽可能地少付，同时竞争也迫使工业的从业人员不得不满足于少于他本来想要挣得的劳动代价；尽管这样，还是可以肯定地说，在一切不同种类的劳动领域中，这种竞争却从来没有多到或者尖锐到这样一种程度，以致总是使一个比别人更内行、更积极，特别是在个人消费方面更节俭的人，不能挣得一笔比维持他本人和家属的生活所必需的稍微多一些的收入，并使他不能把这笔多余的收入储蓄起来，以创立一笔微小的储备[③]。

---

① 法文原文为 Richesses mobiliaires。

② 法文原文为 Amas。（Amasser 和 Accumuler 这两个字在本节中是交替使用的。）

③ 法文原文为 Un petit pécule。

第五十一节　可动的财富是一切有利可图的事业不可缺少的先决条件。

甚至在每种行业中，工人或雇用他们的企业家[①]都必须有一笔事先积累的可动的财富。在这里，我们不得不再回过头去，回想几个问题，这些问题是我们在前面谈到几种职业的分工以及土地所有者所采用的各种使土地生产收入的方法时仅仅顺便提过的，因为那时我们对于这几个问题不能加以说明，以免打断我们当时的思路。

第五十二节　农业方面垫支[②]的必要性。

无论是在土地耕种、在工业或在商业方面，各种不同的劳动都需要垫支。即使是一个人用自己的双手来耕地，他在收获之前必须播种，在收获之前必须生活。土地的耕种越来越完善，越来越活跃，这些垫支也就越来越可观。耕种必须有牲畜、农具和安顿牲畜和储存产品的房屋；还必须支付其数目和事业规模成比例的人手的工资，使他们能够在收获以前维持生活。只有通过相当数目的垫支，我们才能得到大笔的报酬，土地才能生产很多的收入。在各种手工业方面，无论它是哪一种手工业，工人必须事先有各种工

① 法文原文为 Les Entrepreneurs。

② 法文原文为 Avances。

具,必须有足够数量的加工的原材料;当他等待着把他的成品出卖时,他还得维持生活。

第五十三节 土地在没有被耕种以前所提供的第一批垫支。

土地永远是一切财富[1]首要的、唯一的来源;作为耕种的结果而生产一切收入的就是土地;在完全未耕种以前,为人类提供第一批垫支基金[2]的也是土地。第一个土地耕种者所播种的种子是从土地本身所生产的植物上取得的;在他等候收获的期间,他依靠猎兽、捕鱼、采集野生果实为生;他的工具是一些从森林中砍下来的树枝,通过石刀的修整加工而形成的,石刀则是通过石石相击而锐利的;他亲自追捕在森林中跑来跑去的野兽,或者设陷阱捉住它们;他使它们驯服并训练它们;他最初利用它们作为食物,后来才利用它们帮助他劳动。这种最初的基金是点点滴滴积累起来的;特别是牲畜,是远古时代一切动产中最为人们所追求、最容易积累的动产。牲畜固然不免一死,可是它们能够繁殖;由它们构成的财富,简直是永远不会消灭的;而且,这种基金只需通过生育过程就可以成长,而且还能以乳或者以毛、皮和其他原料的形式提供年产品,这种种年产品连同从森林里得来的木材便形成了供工业用的第一批基金。

① 法文原文为 Toute richesse。

② 法文原文为 Fond des avances。

第五十四节　牲畜甚至在土地尚未被耕种以前就早已成为可动的财富。

在仍然存在着大量未经耕种的、不属于任何人的土地的时代里，一个人可能占有牲畜而无须是一个土地所有者。甚至人类在还没有从事较为辛劳的农业劳动以前，就有可能在各处开始捕养畜群而依靠它们的产品来维持生活。看来好像是这样，在太古时代耕种土地的民族就是那些在他们所住的地方发现了一些容易被驯服的野兽的民族；这使他们脱离以渔、猎为生的那种流荡而不安定的生活，进入比较安定的畜牧民族的生活。畜牧生活需要在同一块地方居留较久的时期；它使人们有较多的闲暇时间；它提供较多的机会，使他们能够研究各种土壤的区别，并在作为牲畜饲料的植物生产过程中能够观察到自然界的步调。也许就是由于这一原因，亚洲民族便成了第一批耕种土地的民族，而美洲民族则长期停滞在野蛮状态之中。

第五十五节　农业方面的另外一种可动的财富和垫支：奴隶。

奴隶是另一种形式的可动的财富，最初是通过暴力、后来是通过贸易和交换而得来的。凡拥有许多奴隶的人不仅使用他们来耕种土地，而且还使用他们来从事各种不同的工业。由于这两种财富（牲畜和奴隶）具有差不多可以毫无限制地加以积累，而且甚至于脱离土地也可以加以利用的便利，因此就有可能来为土地本身评定价值，并且可以拿土地的价值来和各种可动的财富的价值作比较。

第五十六节　可动的财富对土地本身有一种交换价值。

一个偶然拥有许多土地而没有牲畜或奴隶的人，如果把他的土地出让一部分来换取另外一个人的牲畜和奴隶，借以耕种他其余的土地，那么，肯定地说，他做了一笔对他有利的交易。主要是通过这种方式，地产[①]才进入了商业领域，并且才有了一种可以和所有其他商品的价值相对比的价值。如果四蒲式耳谷物——即每英亩土地的净产品——值六只羊的话，生产这种谷物的这一英亩土地本身就可以按一定的价值转让出去；这种价值当然要高于四蒲式耳谷物，可是它总是像所有其他商品的价格那样容易被决定的；这就是说，首先是通过交易双方的讨价还价[②]，然后是根据由于那些想用土地来换取牲畜的人的竞争和那些想出让牲畜以取得土地的人的竞争而成立的现行价格。当一个债务人被债权人控告，并且被迫用田产来还债的时候，土地就是根据这种现行价格来评价的。

---

① 法文原文为 Les fonds de terre。

② 法文原文为 Par le débat。

第五十七节　土地的价值是按照收入对其所交换的可动的财富的数量或价值的比例来评定的；这种比例就是所谓土地价格的比数[①]。

显然，如果一块土地所生产的收入等于六只羊，而这块土地可以出卖，换取一定的价值，同时这种价值总能够用与它相等的若干只羊来表达，那么，这个若干只羊的数目必然会与六这一数目构成一种明确的比例，而且必然会含有六这个数目的一定倍数。这样一来，一份田产[②]的价格将只是它所生产的收入的若干倍数；假使价格是一百二十只羊的话，那就是二十倍；假使是一百八十只羊的话，那就是三十倍。因此，土地的现行价格是按照土地的价值与收入的价值二者之间的关系来规定的；而土地的价格所含有的它的收入的倍数就称为土地价格的比数。当人们为了取得土地而付出土地收入的二十倍、三十倍或四十倍的时候，土地就是按照二十分之一、三十分之一、四十分之一的比数[③]出卖的。同样地明白，这种价格或这种比数，一定会随着愿意卖出或愿意买进土地的人数的多寡而变动，正如一切其他商品的价格随着供给和需求[④]之间变动着的比例而变动一样。

① 法文原文为 Le denier du prix des terres。（这个短语与英文“number of years' purchase”这一短语相同，其意义在本节中有足够的说明。）

② 法文原文为 Un fonds。

③ 法文原文为 Le denier vingt，trente，quarante。

④ 法文原文为 L'offre et la demande。

第五十八节　每一笔货币资本，或每一笔价值的总数，无论它是什么，都是一块生产着等于这一总数的若干分之一的收入的土地的等值物。资本的第一种运用方法。买进一份田产。

现在让我们回到刚刚使用货币的那个时期。货币的便于积累，使它在各种可动的财富中很快地变成了人们最想要获得的东西，并且提供了一种手段，使人们只需通过节约就可以不断地增加它的数量。无论是谁，只要他每年能从他的土地收入，或从他的劳动或辛劳所挣得的工资，收到一些多于他必须花费的价值，他就可以把这笔多余的价值作为一种储蓄而积累起来；这种积累起来的价值就是所谓资本。只是由于担心在不能肯定的未来时期中缺乏生活必需品，因而蓄积货币来使他自己安心的胆小的守财奴，总是把他的货币窖藏起来。如果他所预料的危险果然发生，而且使他陷于贫困，以致不得不每年依靠窖藏来维持生活，或者，如果他有一个浪子，渐次把窖藏的货币随手乱花，那么，这笔窖藏不久就会花得一干二净，而这笔资本就会全部为所有者所有；后者可能用更好的办法来利用它。既然提供一定收入的一份田产只不过是价值等于这种收入的一定倍数的一个总值的等值物，我们就可以说，价值的任何一个总数都是一块生产着等于这一总数的若干分之一的收入的土地的等值物；至于这一价值的总数，或这一笔资本，是由一堆金属所构成，或是由其他任何物品所构成，都完全无关紧要；因为货币代表每一种价值，正如每一种价值都代表货币一样。所

以，一笔资本的所有者首先可以利用资本来买进土地；可是他还有运用资本的其他办法。

第五十九节　货币的另一种运用方法，用作制造业和工业方面的垫支[①]。

我已经说过，一切劳动——无论是农业劳动或工业劳动——都需要垫支。同时我也指出，土地是怎样通过为了人类和兽类的营养而自行生产的果实和青草，通过人们用以制成第一批工具的树木，提供了土地耕作的第一批垫支，甚至是每个人为自己使用而造成的第一批手工制品[②]的垫支。例如，提供用来修建第一批房屋的石头、黏土和木材的就是土地。在各种职业还没有分工以前，当土地耕种者用他自己的劳动来满足其他各种需要时，他并不需要其他垫支；但是，当社会中的大部分成员只能靠他们的双手来维持生活时，那些依靠工资为生的人就必须在事先拥有某些东西，借以取得他们加工的原材料，或在他们等待发放工资的时期内维持生活。

① 法文原文为 En avances des entreprises de fabrication et d'industrie。

② 法文原文为 Ouvrages manuels。

第六十节　进一步说明工业企业中各种资本垫支的运用，资本的收回[①]及其应当产生的利润。

在最早时期，雇用别人做工的雇主本人既供给原材料，又按日发放工人的工资。土地耕种者或土地所有者自己把他收获的大麻交给纺织女工，并且在女工从事纺织的时期内维持她的生活；接着，他把麻纱交给织工，并且按日付给他以双方讲妥的工资；不过这种为数不多的每日垫支只够用于极简单、极粗陋的工作。在大多数手工业[②]中，甚至在社会最穷苦的成员所从事的手工业中，同一件原材料必须经过许多不同的人手，而且还必须在一段很长的时期内经过极端困难的、各种各类的加工。我已经提到用来做皮鞋的皮革的加工过程。凡是看过一个硝皮匠工作场所的人都明白：一个穷人，甚至几个穷人，要想为他们自己提供兽皮、石灰、皮硝、工具等等，要想修建一间硝皮所必需的作坊，要想在皮革出卖之前的几个月之内维持生活，那是绝对不可能的。在这种手工业中，以及在许多别的手工业中，那些从业人员岂不是必须在大胆接触原材料之前，就学会这一行业的本领，以免一动手就把原材料糟蹋吗？因此，在这里又必须有另外一笔垫支。其次，谁来为这种工作搜集原材料、提供操作过程中所必需的各种要素和工具呢？谁来修建沟渠、市场以及各种不同的建筑物呢？谁来使这一大批工

① 法文原文为 Rentrée。

② 法文原文为 Arts。

人能够在皮革出卖之前维持生活呢？这些人当中谁也不能独力地加工一块皮革，而且出卖一张硝鞣过的皮革所获得的利润也不足以维持他们中间任何一个人的生活。谁来支付训练学徒和艺徒的种种费用呢？在他们学会手艺之前，谁来为他们提供生活资料，使他们能够从容易的、与他们年龄相适应的劳动一步一步地过渡到最需要高度体力和技术的劳动呢？只有一个资本所有者或可动的积累起来的价值的所有者，才可以运用资本的一部分当做垫支，借以修建作坊和收购原材料；运用另一部分作为垫支，借以偿付制造（商品）的工人的计日工资。就是他，可以等待在皮革出卖以后，不但能收回他的全部垫支，而且可以另外获得一笔利润，这笔利润除了足以为他提供如果他当初用他的货币买进一份田产因而能得到的那种报酬以外，还足以为他提供一笔对他的劳动、他的操心、他所担当的风险，甚至对他的技能应给的工资；因为，毫无疑问，假使这笔利润只是与田产的收入相等，那么，他就宁愿毋庸费力地依靠这笔资本可能买进的土地的收入来生活了。当这笔资本通过产品的出卖而收回的时候，他就立刻用它来买进新的设备和原料，以便通过这种反复不断的流通来供应和维持他的工厂；他靠利润过日子，同时他又把他所能节约的保留下来，增加他的资本，投入他的企业，加添垫支的总额，以获得更多的利润。

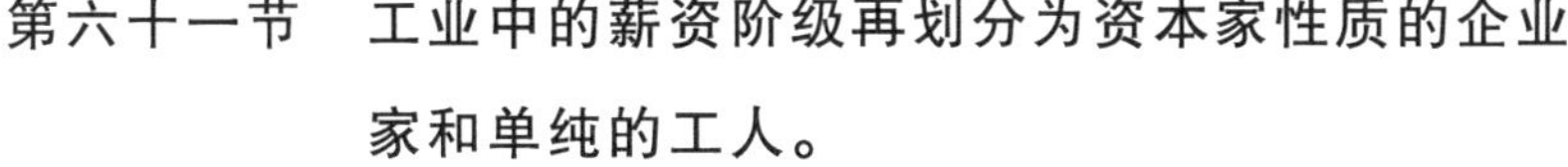

第六十一节　工业中的薪资阶级再划分为资本家性质的企业家和单纯的工人。

这样，从事于以各种各样工业品来供应社会各种不同需要的整个阶级，本身可以说是又划分为两个阶层：企业家、制造业主、雇主[1]阶层，都是大量资本的所有者，他们依靠资本，使别人从事劳动，通过垫支而赚取利润[2]；另一阶层则由单纯的工匠构成，他们除了双手以外，一无所有，他们的垫支只是他们每日的劳动，他们得不到利润，只能挣取工资。

第六十二节　另外一种运用资本的方法，用作农业企业的垫支。关于农业企业中资本的用途、资本的收回及其必不可少的利润的说明。

我首先谈到制造业方面资本的运用，其目的是在于提出一种比较显著的例证来证明大量垫支的必要性和效果，及其流通过程；可是我却稍微颠倒了一下自然程序。按照这种程序，我应当先从农业企业谈起；这种企业除非通过大量垫支，同样是既无法经营，又不能扩充，且亦无利可图的。拥有大笔资本的人，为了在农业企业中运用资本来挣取利润，便以大量地租[3]向土地所有者租用土地[4]，并且担负耕种方面的全部垫支。他们的地位必然与制造业中的企业家相同；像后者一样，他们不得不付出企业的第一批垫支，为他们自己配备耕牛、马匹、农具，并购买第一批种子；像后者一样，他们也不得不维持赶车者、收割者、打谷者、雇工以及其他各种工人的生活，因为这些人除了双手以外，便一无所有，他们所能

① 法文原文为 Maîtres Fabricans。
② 法文原文为 Qu'ils font valoir。
③ 法文原文为 Loyers。
④ 法文原文为 Afferment les terres。

垫支的只有他们的劳动，所获得的只有他们的工资；像后者一样，他们从收获中除了收回资本以外，也就是说，除了收回开办费和常年开支方面他们的全部垫支以外，还必须获得：(1)一笔等于他们可以用他们的资本不劳而得的收入的利润；(2)他们劳动的工资、他们承担风险和勤劳的代价；(3)一笔可以用来按年补偿他们企业中所使用的财产的损耗的钱，这种损耗包括耕牛的死亡和农具的损坏等。所有这一切都必须从土地产品的价格中先行扣除[①]；剩下的部分产品则由土地耕种者用来付给土地所有者，作为后者允许他利用其土地来开办企业的报酬。这就是租用土地的代价[②]，土地所有者的收入，也就是净产品；因为在土地所生产的全部东西中，恰好等于各种垫支和垫支者应得的各种利润的数额的部分，都不能看做是一种收入，而只能看做是耕种方面各种费用的补偿；当人们考虑到如果土地耕种者没有收回这些费用，他就一定不会贸然用他的财富和勤劳来耕种别人的土地的时候，问题就是这样的。

第六十三节　农业方面资本家性质的企业家[③]之间的竞争规定了地租[④]的现行价格。大规模的农业经营[⑤]。

富裕的企业家之间在农业方面的竞争规定着地租的现行价格，这种价格一方面同土壤的肥沃程度及其产品的销售价格成适

① 法文原文为 Prélevé sur。

② 法文原文为 Le prix du fermage。

③ 法文原文为 Capitalistes Entrepreneurs de culture。

④ 法文原文为 Fermages。

⑤ 法文原文为 La grande culture。

当的比例，另一方面却总是以农业经营者对他们的开支和他们应该从他们的垫支中取得的利润所作的打算为根据的；他们不能付给土地所有者以剩余产品以外的东西。但是，当他们之间的竞争是十分尖锐的时候，他们往往会把这种剩余产品全部付给土地所有者；土地所有者只把他的土地租给出租最高的人。

第六十四节　资本家性质的企业家的缺少使农业局限于小农场经营[1]。

与此相反，如果没有拥有可以投入农业企业的大量资本的富人；如果，由于土地产品的价格很低，或者由于任何其他原因，收成不足以保证企业家在收回他们的资金[2]以外，还能获得一笔其数额至少同他们把同量资本用在性质完全不同的事业上所能获得的利润相等的利润；那么，我们就不能找到愿意租用土地的农业经营者了。这时，土地所有者就不能不让那些无力担负垫支或无力进行认真的耕种的“佃农”或对分佃农来耕种他们的土地。土地所有者本人提供很少的[3]垫支，这些垫支为他生产很少的收入；假使土地是属于一个贫穷的或负债的或疏懒的人所有，或是属于一个寡妇或一个未成年的人所有，那么，这块土地就会因无人耕种而呈现荒芜景象。这就是我已经提到的两种地区之间所以存在着歧异的真正原因；一种地区，像诺曼底和法兰西岛，那边的土地是由富裕

① 法文原文为 La petite culture。

② 法文原文为 Fonds。

③ 法文原文为 Médiocres。

的农业经营者耕种的；另一种地区，像利木赞、昂古木瓦、布尔博内以及其他几处地方，那里的土地仅仅是由一些贫穷的对分佃农耕种的。

第六十五节　土地耕种者阶级再划分为企业家或农业经营者和单纯的工资劳动者，无论后者是雇工[①]或是散工。

因此，土地耕种者阶级，像制造业者阶级一样划分为两个阶层，即提供一切垫支的企业家或资本家阶层和单纯挣取工资的农业劳动者阶层。同时也很显然，只有资本才能创办和经营大规模的农业企业，才能赋予土地以一种不变的租金价值，如果我可以大胆使用这个名词的话，而且也才能保证土地所有者取得一笔经常的、尽可能大的收入。

第六十六节　资本的第四种运用方法，用作商业企业的垫支。在商品生产者和消费者之间必须有真正所谓的商人居间贸易。

企业家们——无论是土地耕种方面的或制造业方面的——都只能通过土地产品或制成的商品的销售来收回他们的垫支和利润。商品出卖时的价格总是决定于消费者的需要和他们的财力；

① 法文原文为 Valets(即长工)。

可是消费者并非总是在收割时期或成品制成时期需要农产品或制成品的，然而企业家却觉得他们有必要及时地和按期地收回他们的资金，以便把它再投入他们的企业中去。收获以后必须随即耕地和播种；制造业的工人必须继续雇用下去；第一批物品一经制成，必须接着制造另一批物品；原材料必须边消耗边补充。一个企业的工作一经开始，如果让它们中途停顿，那是很危险的，这些工作绝不是我们什么时候想恢复就可以马上恢复过来的。因此，企业家所最关怀的事莫过于最迅速地出卖他们的农作物或制成品，以收回他们的资金；在另一方面，消费者所关心的则是在他们需要某种物品的时候，并且在需要它们的地方，买到那种物品；如果他们不得不在收获季节一次购备他们的全年口粮，对他们来说，那将是极不方便的。在日常的消费品中，有许多都需要长时间的和花费很大的劳动；这种劳动只有在使用大量原材料的条件下才有利可图——原材料的数量必须大得使少数人或一个范围有限的地区的消费，不足以把一个制造厂的产品全部买完。因此，凡是和这类产品有关的企业，数目必然不多，互相之间的距离必然较远，因而它们和大多数消费者的家庭便相隔很远了。除赤贫者以外，没有一个人是无力消费几样在离他家乡很远、彼此之间也相距很远的各地生产或制造的物品的。如果一个人只能直接从收获者或制造者手里买进他的消费品的话，他就会有许多东西买不到手，或者就得把他的全部时间花在旅行上面。

生产者和消费者双方的这种关怀——前者关怀不必浪费宝贵的时间来等待买主就可以得到卖出产品的机会，后者关怀不必浪费宝贵的时间来寻找卖主就可以得到买进物品的机会——一定使第三者出来作为他们之间的居间人。这就是商人这个职业的目的之所在，他们从生产者手里买进商品，以便把它储存起来，或者设立大零售店，使消费者可以从那里得到他们所需要的东西 。这样，企业家由于有了出卖产品和收回资金的把握，就可以毫无顾虑地、继续不断地致力于进一步生产，而消费者也就可以在他的左近随时找到他所需要的东西。

第六十七节　各种不同等级的商人。他们全体有这样一个共同点：他们是为了卖出而买进，他们的业务全靠种种垫支来进行，这些垫支必须带着利润收回来[①]，以便再度投入企业中去。

从在市场上陈列菜蔬的菜贩起，直到南特或卡迪斯的在印度或美洲那样远的地方从事买卖的船主为止，商人的职业，或一般所谓商业，分成无数的部门和仿佛是无限的等级。这一个商人专门买进一种或几种商品，在自己的铺子里出售给来买货的顾客。另一个商人则把某些商品带到需要它们的地方去销售，以便通过交换把那里生产的并为他本地所需要的商品带回来。这一个商人在自己的邻近地方亲自进行买卖；另一个商人则依靠他雇用的联络员和运输人员进行买卖，他派遣他们从这一省到另一省，从这一王国到另一王国，从欧洲到亚洲，从亚洲到欧洲。这一个商人把商品零售给几个个别的消费者；另一个商人则只把商品批发给其他的

① 法文原文为 Leur trafic roule sur des avances qui doivent rentrer avec profit。

商人，而由后者再零售给消费者。但是他们的共同之点是，他们都是为了卖出而买进，同时他们第一批买进的货物都是一种需要相当时间才可以收回的垫支；这种垫支正像农业和制造业中企业家的垫支一样，不但必须在一定时期以内毫无减损地收回到他们的手里，用来再进新货，而且还得使他们获得：(1)一笔在数额上和他们用同量资本不经劳动而获得的收入相等的利润，(2)他们的劳动的工资以及担当风险和勤劳的代价。如果没有把握收回这种垫支和取得这种不可缺少的利润，任何商人都不会经营商业，而且任何商人都不会继续经营商业。当他们估计他们在一定时间以内可望卖出的商品的数量和价格的时候，他们正是根据这种观点来指导他们 的买进的。零售商凭着经验，凭着他们从小心谨慎地作出的有限尝试中获得的成就，了解在消费者的需求量中他们所能供应的大概是多少。贸易商通过他们的联络员[①]，了解他们的商业活动所伸展到的各国中商品丰缺和价格的情况，据以指导他们的投机事业；他们把商品从价格低廉的地方运到那些可以高价出卖的地方；当然，不言而喻，这笔运费是计算在他们必须收回的垫支之内的。

因为商业是必要的，同时如无与其规模成比例的垫支便不可能经营任何商业，我们就发现了另一种运用可动的财富的方法，这种新用法是：一个人拥有大量储蓄[②]和积累起来的价值，一大笔货币，干脆说是一大笔资本，就可使用这种资本来赚取利润，获得生

① 法文原文为 Correspondances。

② 法文原文为 Une masse de valeurs mise en réserve。

活资料，而且，如果可能的话，增加他的财富。

第六十八节　货币流通的真正意义。

从上面所讲的，我们就可以明白，土地的耕种、各种制造工业以及一切商业部门是怎样地依靠着[①]大量的资本或大量可动的积累起来的财富；这种资本或可动的财富先由这些不同劳动部门中任何一部门的企业家垫支出来以后，每年必须加上一笔稳定的利润而由他们收回；这就是说，这笔资本要作为继续经营同一企业的再度投资和新的垫支，而利润则为企业家提供或多或少的舒适的生活资料。正是这种资本的垫支和这种资本的不断收回，构成**人们必须称之为货币流通的东西**。这种有益而效果好的流通，为社会的一切劳动提供生机；它维持政治机构的活动和元气；有充分的理由可以把它和动物躯体内的血液循环相比拟。因为，如果由于社会中各个不同阶级在支出程序上[②]发生了紊乱，不管它是什么紊乱，以致企业家无法收回他们的垫支和他们有权利希望从垫支上获得的利润，那么，很显然，他们将不得不缩小他们的企业；这样一来，劳动的数量、土地产品的消费量、生产量以及收入总额，都将按同等幅度缩减；贫穷将代替富庶，而一般工人由于不能找到职业将沦于极端困乏的境地。

① 法文原文为 Roulent sur。

② 法文原文为 L'ordre des dépenses。

第六十九节　在黄金和白银没有进入商业领域之前，一切经济事业[①]，特别是制造业和商业，不会不受到极端的限制。

几乎不消说：在黄金和白银进入商业领域之前，一切企业，特别是制造业，尤其是商业，必曾大大地受到限制；因为当时要想积累相当数量的资本，几乎是不可能的；而要想倍增和剖分各种付款，使能满足为把交易促进和增加到繁荣的商业和流通所要求的程度的需要，那就更为困难了。只有农业能够勉强维持，因为它所需要的垫支的主要对象是牲畜；而且，也许当时除了土地所有者以外，还没有其他农业企业家。至于各种手工业，在没有使用货币以前，必然不能获得发展。它们只局限于那些由业主提供垫支，一方面养活工人，另一方面供给原材料的最粗笨的行业；或者是由业主让他们的家属在家里从事的那些行业。

第七十节　由于资本也像劳动和辛勤一样，对于一切经济事业都是必要的，所以勤劳的人乐于同那为他提供所需资金的资本家共同享受他的企业利润。

因为资本是各种企业必不可少的基础，因为货币是节约小额收益、积累利润和发财致富的主要手段，所以，那些虽然勤劳和热爱劳动，但是没有资本或所有资本不足以经营他们想要兴办的那

① 法文原文为 Toutes les entreprises de travaux。

种企业的人，就毫无困难地下定决心，把他们所希望获得的那笔在各项垫支归垫后余下的利润，提出一部分来，让给那些愿意把资本托交他们运用的资本家或货币所有者。

第七十一节　资本的第五种运用方法：放债取息。贷款的性质。

货币所有者总是把他们的资本可能由于企业的失败而遭遇的风险，拿来同不必从事劳动就可以享受一笔确切的利润这种好处，相互较量；他们据此决定为他们的货币要求多大的利润或利息，或是否同意按借款人提出的利息把货币借出去。因此，这里在货币所有者面前有着另外一条出路，即有息借贷或货币交易。千万不可误解；有息借贷并不是别的，只是一种商业交易，在这种交易中，贷款人是出卖货币使用权的人，借款人则是买进这种使用权的人；这正如一份地产的所有者和一个农业经营者分别地卖出和买进一块出租的土地的使用权一样。拉丁人给贷款的利息所定的"usura pecuniœ"这个名称，完全表达了这种含义；可是这个词的法文译名，由于人们对于货币利息有了不正确的观念，却已成为一个讨厌的词了。

第七十二节　关于贷款取息[1]的错误观念。

贷款的代价，绝不是像人们所想象的那样，是以借款人希望用

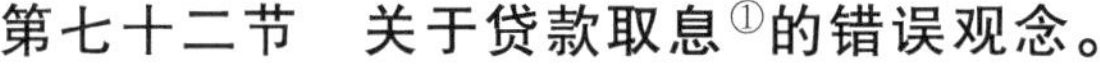

① 法文原文为 Le Prêt à intérêt。

他买进其使用权的那笔资本来得到的利润为根据的。这种价格，像一切商品的价格一样，是通过卖主和买主双方的讨价还价、通过供给和需求的平衡来决定的。人们借款抱有各种不同的目的，抱有各种不同的动机。这个人借款是为了兴办一种可以使他发财致富的企业；那个人借款是为了买进一份产业；有的人借款是为了偿还赌债；有的人借款是为了弥补收入方面某种意外的损失；也有的人借款是为了使自己在能够凭他的劳动获得一些收益之前生存下去；但是，这种种促使借款人借款的动机，对贷款人来说都无关重要。贷款人所关心的只有两件事：他所能收到的利息和他的资本的安全。他本人对于借款人运用贷款的方法，并不比一个商人对于买主使用他卖出的商品的方法，更为关切。

第七十三节　对烦琐哲学家的谬论的驳斥。

正是由于没有能够了解贷款取息的正确意义，某些顽固而不开明的伦理学家，便企图使我们把它看做是一种罪得。中古时代的经院学派神学家根据货币本身不能生产任何东西这一事实得出了一个结论，认为放债取息是不正义的。他们满怀偏见，认为他们的看法是得到圣经福音书中下节经文的裁可的："借给人，不指望偿还"（"Mutuum date，nihil inde sperantes"）。凡在利息问题上采取某些比较合理的原则的神学家，都不得不忍受对方作家们的最粗暴的责骂。

虽然如此，只要稍加思索，就可以看出那些被用来谴责收取利息的种种借口是何等的浅薄。贷款是一种由当事人双方自由缔结的互惠契约：他们所以缔结这种契约，只是为了对双方都有好处。很显然，如果说贷款人感到收进一些出租货币的租金是对他有利的话，那么借款人对于他能找到他所需要的货币也同样地感到有利。他决定借款，并愿支付货币的租金①，就说明了这一点。但是，根据什么原则，我们可以把缔结一种对双方都有利的、为双方所满意的，而且肯定对任何别人都没有妨害的契约，想象为一种罪行呢？如果有人认为，贷款人是利用借款人对于货币的需要而趁机索取利息，这就同认为一个要求面包的代价的烘制面包的人是利用买主对于面包的需要一样的荒唐。假使在后一场合，货币是买主所买到的面包的等值物，那么，借款人今天所收到的货币就同样的是他答应贷款人在借款到期时归还的本金和利息的等值物；这是因为，简单地说，在借款尚未到期的那一段时期里，对借款人来说，得到他所需要的货币是一种利益，而对贷款人来说，丧失这笔货币则是一种损失。这种损失是可以估计的②，而且事实上是估计到了的；利息就是它的价格。如果贷款人承担着由于借款人的破产而失去他的本金的风险，那么，这种价格就应当高一些。由此可见，这种买卖对于双方是完全平等的，从而是公平的。货币作为一种物质来看待，作为一堆金属来看待，它不会生产任何东西；但是，被用于农业、制造业和商业等方面的垫支的货币是能得到一笔确切的利润的。有了货币，人们可以买进一份产业，从而得到一笔收入。因此，贷款人并不只是放弃了一笔货币的无益的所有权；

① 法文原文为 Le loyer。

② 法文原文为 Appréciable。

他还剥夺了他本人原来可以利用这笔货币而获得的利润或收入；因此，补偿他这部分损失的利息不能认为是不正义的。烦琐哲学家们不得不承认上述种种理由的正义性，也认为在让与本金的条件下，可以收取利息，这就是说，贷款人必须放弃要求在一定时期内归还本金的权利，而只要借款人偿付利息，就让借款人自由保有这笔本金，他愿意保有多久就保有多久。这种容忍的原因是，这样一来，这已不再是一笔借以索取利息的贷款，而是用一笔货币所买进的一份租金，正如一个人买进一份田产一样。这是他们所采用的一种小小的巧妙手法，以便承认借款在社会上买卖行为中的绝对必要性，而无须明确地承认他们前此据以谴责它的那些原则是荒谬的。但是让与本金的这一条件，对借款人来说，也没有什么好处，因为在他没有还清这笔本金之前，他总是这笔债务的债务人，而他所有的财产自始至终都由于留置权而被作为本金的担保品[①]。甚至还有一种害处，即当他需要货币的时候，他会发现借款是更加困难了，因为一个愿意把一笔本来打算用来买进一份田产的资金出借一年或两年的人，是不愿意把它无限期地借出去的。而且，如果准许一个人为了收取一种永久性的租金而出卖他的货币，为什么他却不能把他的货币按一定年限出租[②]而只在这一定年限以内收取租金作为报酬呢？假使每年一千法郎的一笔租金，对于一个永久持有两万法郎的人来说，是这两万法郎的等值物，那么，一千法郎就将是在一年内对两万法郎的所有权的每年的等值物了。

① 法文原文为 Les biens sont toujours affectés à la sûreté de ce capital。

② 法文原文为 Louer。

第七十四节　货币利息的真正基础。

因此，一个人完全可以出租他的货币，正如他可以出卖它一样。货币所有者可以出租货币，也可以出卖它，这不仅因为货币是一笔收入的等值物和获得一笔收入的手段，也不仅因为贷款人在贷出的期间失去了一笔他本来可能由它获得的收入，也不仅因为他冒着丧失本金的风险，也不仅因为借款人可以把货币运用在有利可图的购买方面，或者运用在他可以从中吸取大量利润的企业方面。货币所有者可以正当地收取货币利息，是根据一种更具有一般性和决定性的原则。即使没有上述的各种情况，他仍有一种权利来要求贷款利息，理由很简单，因为他的货币是他自己的。既然是他自己的，他就可以自由地保有它；没有任何东西规定他有出借的义务；因此，假使他把货币出借的话，他就可以在借款方面附上他所选择的条件。这样做，他并没有对不住借款人的地方，因为后者同意这种条件，而且他对于那笔借款并无任何权利。一个人可以通过货币的使用而获得的利润，毫无疑问，是那些促使借款人出利息来借款的最普通的动机之一；利润也是借款人偿付这种利息的便利的来源之一；但这绝不是赋予贷款人以要求利息的权利的东西；对贷款人来说，只要货币是他自己的，他就有权要求利息；而这种权利是与财产所有权分不开的。一个买进面包的人之所以买进面包，是为了养活他自己；可是出卖面包的人所具有的索取面包代价的权利，却与面包的这种用途毫不相干；如果他出卖石头，他也有这种索取代价的权利；这种权利完全建筑在这种基础之上：

面包是他自己的，谁也没有权利来迫使他无偿地予以放弃。

第七十五节　对一种反对意见的答辩。

这种思考使我们认识到，基督教的严格主义者引用圣经福音书上“借给人，不指望偿还”这一节经文是引用得多么不正确，与圣经的原意是多么不相符。如果我们像那些执中的和明理的神学家们那样，把这节经文理解为一种关于仁爱的箴言，它的意义便很清楚了。所有的人都应当互相援助；假使一个富有的人看见一个陷于困难的同胞，不但不供应他的需要，反而把自己的援助出卖给他，那么，他既没有履行基督教的义务，也没有履行人道方面的义务。在这种情况下，仁爱心不只是劝导人无息贷款；它简直命令人贷款，甚至于命令人赠款，如果受款的人有这种需要的话。倘若把这条仁爱的箴言理解为一种严格的正义的箴言，那不仅对于理智，而且对于经文的真义都是背道而驰的。我在这里所抨击的那些人并没有认为贷款是一种（基督教）正义的义务，因此他们就必须承认这节经文头几个字“借给人……”仅仅是一条仁爱的箴言；这样，我就要问，他们为什么认为后面那几个字竟成为一种（基督教）正义的义务呢？如果贷款本身不是一条严格的箴言，而它的附属物——贷款的条件——却被认为是一条严格的箴言，这是怎样的一回怪事！这样，人们会听到：“你们可以随意贷款或不贷款，可是，如果你们贷款的话，千万不可为你们的货币索取利息；即使一个商人为了兴办一种他希望从中获得大利的企业而向你们借款，如果你们接受他所提供的利息，你们就犯了罪；你们绝对必须或是

借给他不收利息，或者干脆不借给他。的确，你们有一种方法能使利息变成合法的东西，那就是，无限期地把你们的本金贷出去，放弃要求归还本金的权利，听任你们的债务人高兴在什么时候或能够在什么时候归还就在什么时候归还。假使你们为了安全而感到有些不方便，或者你们预料到在若干年之后你们将需要这笔货币，那么，你们便无别路可走，只有不贷出你们的本金。与其犯罪来帮助一个商人利用一个宝贵的机会，毋宁让他失去那个机会。”看吧，当人们通过虚妄的形而上学所形成的偏见来看“借给人，不指望偿还”这几个字的时候，他们究竟从中发现了一些什么东西。凡是不怀偏见来读这节经文的人，都会懂得它的真正意义；那就是：“作为人，作为基督徒，你们大家都是弟兄，都是朋友；像兄弟般地、像朋友般地相处吧；当你们有急需的时候，互相帮助吧；把你们的钱袋互相敞开吧，不要采用对贷款索取利息的办法来出卖你们互相受到的援助吧，这种贷款是仁爱心为你们规定的一种义务。”这是我们这节经文的真正意义。不要利息而贷款的义务和贷款的义务显然是结合在一起的；它们的地位都是一样的；两者谆谆教诲的都是一项仁爱的义务，而并不是一条在任何可能发生贷款的场合都能应用的严格的正义的箴言。

第七十六节　利率[①]像一般商品的价格一样，只应决定于交易过程。

我已经说过，借用货币的价格，像所有其他商品的价格一样，

① 法文原文为 Le taux。

是通过供求之间的对比[①]来调节的;因此,如果需要货币的借款人为数很多,货币的利息就会上涨;如果愿意贷款的货币持有人的人数很多,利息就会下跌。所以,如果认为商业中的货币利息应当由国君的法律来规定的话,那就是另外一种错误。货币利息是一种像所有其他商品的现行价格一样规定下的现行价格。这种价格可能依照借款人不会失去本金这一安全性的大小而稍有变动;可是在同等的安全条件下,它的涨落将与供给的多少成比例,法律不应当规定货币的利率,正如它不应当规定在商业中流通着的任何其他商品的价格一样。

第七十七节　在商业中,货币[②]有两种不同的评价[③]:一种是表达我们为了取得各种商品所付出的货币数量,另一种是表达一笔货币与它根据商业行为而得到的利息之间的关系。

从这种关于按照年息出卖或出租货币的方式的说明看来,好像在商业中有两种评价货币的方法。在买进卖出中,一定重量的货币代表一定数量的价值,或者代表一定数量的各种商品:举例来说,一盎司白银是一定数量的谷物或一定天数的劳动的等值物。

① 法文原文为 Par la balance de l'offre à la demande。

② 法文原文为 L'argent。(这个字既可以作货币讲,又可作白银讲,这就增加了杜阁在这里力求澄清的这种含义不明的情况。凡从上下文可以看出必须译为白银的,都已译成白银。)

③ 法文原文为 Évaluations。

在出借货币和货币交易中，一笔本金是数量等于这笔本金的某一固定部分的租金的等值物；反过来说，一笔按年缴纳的租金代表一笔本金，这笔本金等于这笔租金根据利息按照较高的或较低的比数计算而一再缴纳若干次的总和。

第七十八节　这两种评价互不相干，而且是由一些十分不同的原则所支配的。

这两种不同的评价[①]之间的联系和相互依赖性，比我们乍看时所相信的要少得多。在正常的商业中，货币可能是很普通的，可能其价值很小，可能只能交换到数量极少的商品，可是同时货币的利息可能很高。

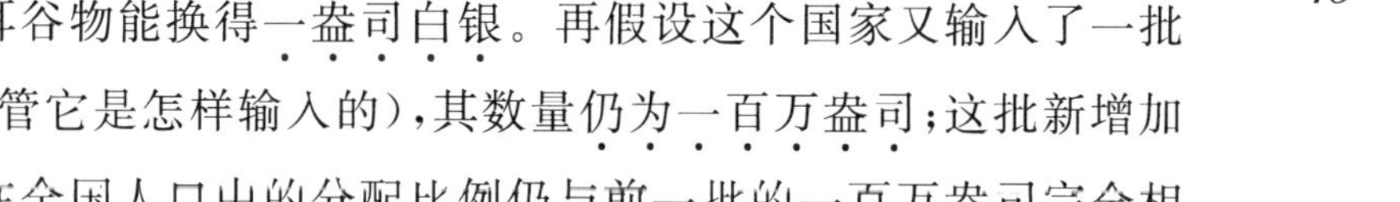

假设在商业中流通的白银为一百万盎司时，人们在市场中用一蒲式耳谷物能换得一盎司白银。再假设这个国家又输入了一批白银（不管它是怎样输入的），其数量仍为一百万盎司；这批新增加的白银在全国人口中的分配比例仍与前一批的一百万盎司完全相同，从而前此只有两盎司白银的人，现在都有了四盎司。这样，被看做一堆金属的白银，其价格必然会降低；或者，换句话说，商品的价格必然会提高；前此用一盎司白银可以买到的一蒲式耳谷物，现在购买时则需要较多的白银，也许需要两盎司而不是一盎司了。可是货币的利息绝不会因此降低，如果所有这些货币，像我们假设的第一批一百万盎司那样，都被带进了市场，而且都用在那些所有

① 法文原文为 Appréciations。

者的当时开支上的话；因为货币的利息，只有当出借的货币的数量与借款人的需要相比时比过去为多的情况下，才会下跌。但是带进市场的货币并不是用来出借的；用来出借的只是那些不要动用的货币，即积累起来的资本；而市场上货币数量的增加，或寻常贸易中货币价格相对于商品价格的降低，绝不会必然地并立时地使货币的利率降低，倒恰恰相反地可能发生这样一种情况：使市场上货币数量增加，和通过降低货币价格而使其他商品价格上涨的原因，也正是使货币租金或利率上涨的原因。

的确，如果现在假设一个国家里所有的富人都不从他们的收入或每年的利润中提出一部分来作为储蓄，而把它们全部花光；再假设他们在花光了收入之后还感到不满足，再进一步地花掉他们的资本；再假设一个拥有十万法郎货币的人，既不把这笔资金用在有利可图的事业上，也不把它借出去，而是一点一点地把它浪费在愚蠢的开支方面；显然，这样一来，一方面用在日常购买、用在满足个人欲望或一时兴致上的货币数量一定加多，结果货币的价格就会下跌；另一方面，可以用来作为贷款的货币肯定会大大减少；同时，由于有许多人会倾家荡产，借款人的数目大概也会增多。于是，货币的利息将会提高，同时货币在市场上将更为普遍，货币的价格将会降低，而这完全是由于同一原因。

如果我们想到，市场上用来买进谷物的货币是人们每天用来满足他们的需要的那部分货币，而用来作为贷款的货币正是人们从日常支出中节约下来、放在一边、形成资本的那部分货币，那么，

我们对于上述那种表面上矛盾的现象[①]，就不会感到惊异了。

第七十九节　在评定货币对商品的价值时，评价的主体是被看做金属的货币。在评定货币的"比数"的价值时，评价的主体则是某一特定时期中货币的效用。

在市场上，一蒲式耳小麦相当于[②]一定重量的白银；人们用商品所买进的是一定数量的白银；人们据以规定价格的就是这一数量；人们用来和其他不同价值作比较的，也就是这一数量。在贷款取息上，我们据以规定价格的是某一时期中一定数量的价值的效用。这时，我们不再是拿一堆白银来和一堆小麦作比较；而是拿一堆价值来和它本身的一个特定部分作比较，后者变成了某一时期中这一堆价值的效用的价格。无论在市场上两万盎司白银是两万蒲式耳小麦的等值物，或者只是一万蒲式耳小麦的等值物，在这一年内，这两万盎司白银的效用，在货币市场上仍然值这笔本金的二十分之一，或一千盎司白银，如果利息是按二十分之一的比数[③]计算的话。

① 法文原文为 Bisarrerie。

② 法文原文为 Se balance avec。

③ 法文原文为 Au denier vingt，即 5%。

第八十节　利息的价格[①]直接取决于借款人的需求与贷款人的供给二者之间的关系；这种关系主要取决于通过收入和年产品的储蓄而积累起来作为资本的可动的财富的数量，不论这些资本是以货币形式，还是以任何其他在商业中具有价值的动产的形式存在的。

与市场上白银的价格有关的只是在当时交换中使用的白银的数量；但是与利率有关的却是积累起来形成资本的价值的数量。不论这些价值是金属，还是其他动产都无关系，只要这些动产易于换成货币。如果认为一个国家中现有的金属的数量，与一年中为取息而贷出的价值的总额完全相等，那完全不是那么一回事；恰恰相反，各种以家具、商品、工具、牲畜等为形式的资本往往取得白银的地位，并且代表着白银。一个拥有价值等于十万法郎的为人们所熟知的动产，并答应在某天付出十万法郎的人所签署的票据，在尚未到期之前，被人们当做十万法郎用来用去。签署这张票据的人的全部资本就保证着这张票据的到期兑现，不管他所拥有的动产属于何种性质，只要它们具有十万法郎的价值。由此可见，使货币利息上涨或下跌的，或者使更多的准备贷出的货币投入商业中来的，并不是作为金属而存在的白银的数量，而只是商业中可以

① 法文原文为 Le prix de l'intérêt。

找到的各种资本的总额，也就是说，积累起来的、点点滴滴[1]从收入和利润中储蓄起来的、准备用来为它们的所有者挣取新的收入和新的利润的各种可动的价值的实际总额。贷给借款人的就是这种积累起来的储蓄；这种储蓄的数额越大，利率就越低，至少在借款人的数目没有相应地增加的情形下是如此。

第八十一节 一个民族的节约精神可以不断地增加各种资本的总额；奢侈浪费则不断地倾向于消灭它们。

一个民族的节约精神有助于不断地增加它的各种资本的总额，增加贷款人的数目而减少借款人的数目。浪费的习惯所造成的后果则恰恰与此相反；根据前面说过的关于资本在农业、工业或商业中的用途的那些论点，我们就可以判断浪费到底是使一个民族富裕起来，还是使它贫困。

第八十二节 利率的下跌证明，一般说来，在欧洲节约比奢侈占优势。

由于好几个世纪以来，在欧洲货币的利息一直是在下跌，我们就必须作出这样的结论：节约的精神一向比浪费的精神更为普遍。过奢侈生活的人只是那些已经富裕的人；甚至在富人中间，所有脑筋清醒的人也是把开支限制在他们的收入范围以内，而小心翼翼

① 法文原文为 Successivement。

地不肯动用他们的资本。在一个国家里，想变得富裕的人总比已经富裕的人多得多；但是，在现存情况下，全部土地都已被人占有，要变得富裕，就只有一种方法；那就是，通过这种或另一种方法来占有或获得一笔数量超过绝对必需的生活费用的收入或年利润，并且每年把这种多余的部分储存起来，用以形成一笔资本；通过这种办法，一个人就可以获得收入或年利润的一个增加额，然后再把它储蓄起来，变成资本。因此，有许多人对积储资本发生兴趣，并致力于积储资本。

第八十三节　扼要重述运用资本的五种不同方法。

我已经列举了运用资本或用它们来进行有利的投资的五种不同的方法。

第一种方法是买进一份可以带来一笔确定的收入[①]的田产。

第二种方法是通过租用土地，把货币投入农业企业；土地的产品应当在租赁的代价以外，还能提供各种垫支的利息，以及那个把财富和辛劳都花在土地耕种上面的人的劳动的代价。

第三种方法是把资本投入工业或制造业。

第四种方法是把资本投入商业。

第五种方法是把资金借给那些需要资本的人以收取一笔年利。

① 法文原文为 Un certain revenu。

第八十四节　运用货币的各种不同方法之间的相互影响。

显然，从投入上述各种不同用途的资本所能取得的年产品，彼此间是相互限制着的，而且都受实际货币利率的影响[①]。

第八十五节　投入土地的货币所带来的[②]收入理应是最少的。

用货币来买进一份田产，并把它租给一个完全有偿付能力的农业经营者的人，能够不费力地使自己获得一笔收入，并且可以随心所欲地花掉它。另外还有一种好处：在一切形态的财产中，土地的占有最为安全，不会发生任何意外事故。

第八十六节　用在贷款方面的货币所带来的收入，理应比用等量资本从田产上得到的收入多一些。

一个贷出货币取息的人，要比一个土地所有者更能安闲而自由地享受货币的好处；不过他的债务人如果宣告破产，可能使他失去他的本金。所以，他不会满足于获得一笔数量只等于他可能用等量资本买进的那块土地的收入的利息。因此，贷款的利息必须大于用等量资本买进的那块土地的收入；因为，如果贷款人发现有

① 法文原文为 Sont relatifs au。

② 法文原文为 Doit rapporter。

一份可以提供一笔数量等于利息的收入的地产正在出卖，他就会选择这种运用资本的方法。

第八十七节　投入农业、制造业和商业的货币所带来的收入，理应比贷款利息多一些。

基于同样的理由，运用在农业、工业或商业方面的货币所必须产生出来的一笔利润，大于用投入土地的等量资本所获得的收入，或大于贷放出去的等量货币所提供的利息；因为，这些运用资本的方法，除了垫支资本以外，还需要大量的照料和劳动，如果它们不能带来更多的利益，那就不如去取得一笔不必做任何事情便能获得的等量的收入了。因此，除了资本的利息以外，企业家还须每年赚得一笔利润来酬报他的照料、他的劳动、他的才智和他所承担的风险，此外还得为他提供一笔收入，使他能够弥补每年耗损的垫支；因为从一开始，他便不得不把这种垫支变成种种容易发生变动、随时会遭遇各种意外事故的动产。

第八十八节　然而这种种不同的运用方法所产生的各种成果，彼此之间是互相限制的，而且，尽管它们彼此并不相等，它们却保持着某种平衡。

由此可见，各种不同的运用资本的方法，产生着极不相等的成果；但是这种不相等性并不妨碍它们彼此之间发生相互影响，也不妨碍在它们之间建立一种平衡，正像一个倒置的虹吸瓶两端的水管里所盛着的、可以通过瓶的底部互相沟通的两管比重不相等的液体保持平衡一样；二者不会处于同一水平，可是，一个水管里的液体高度不会增加，除非另一水管里的液体高度同时增加。

假如突然之间有很多土地所有者都想出卖土地，显然土地的价格就会下跌，用较小数量的资本就可以获得较大的收入；如果货币的利息没有上涨，这是不会发生的，因为货币的所有者将宁可买进土地，而不愿把资金贷放出去，以取得不多于他能买到的土地的收入的利息。所以，如果借款人想要借得货币，那么，他们就不得不为这笔贷款偿付一笔较高的租金。假使货币的利息上涨，人们就将宁愿把货币贷放出去，而不愿既操心又冒险地把它用在农业、工业和商业企业里；只有那些能够在支付投资人的劳动工资以外还产生出一笔比贷款利息大得多的利润的企业，才会有人从事经营。总而言之，只要货币的某种运用方法——无论是哪种运用方法——所产生的利润增加了或减少了，资本就会从利润减少的那一方面被抽调出来转到利润增加的这一方面；而这必然会在每种运用方法中改变资本和年产品二者之间的关系。一般地说，投入地产的货币所带来的收入要少于投于贷款的货币所带来的收入；投于贷款的货币所带来的收入又要少于投入那些需要劳动的企业的货币所带来的收入；但是，无论把货币运用在哪一方面，它所生产的成果不能增加或减少，除非所有其他运用方法所得的成果都相应地增加或减少。

第八十九节　货币的现行利息是一种寒暑表，我们可以借此判断各种资本的多寡；它是衡量一个国家能使它的农业、制造业和商业发展到什么程度的尺度。

因此，我们可以把通行的贷款利息看做是一种衡量一个国家的资本的多寡和衡量那个国家所从事的各种企业规模大小的寒暑表。显然，货币的利息越低，地产的价值就越高。如果地产是按二十分之一的比数出售的话，一个能够收入五万利弗尔地租的人，他的地产只值一百万利弗尔；如果地产是按四十分之一的比数出售的话，他的地产就值两百万利弗尔。如果利息是百分之五，那么，所有那些其产物除了抵偿垫支和酬报土地耕种者的辛劳以外不能带来这百分之五的收入的荒地，就会没有人肯去耕种。任何制造业、任何商业，如果除了企业家的操劳和所担风险的报酬以外，不能再提供这百分之五的收入，就将无法维持。如果有一个邻国，它的货币的利息只有百分之二，那么，这个国家不仅会经营那个利息为百分之五的国家所不能经营的一切商业部门，而且，由于它的制造业者和商人能够满足于较低的利润，他们必定会把自己的商品以低廉得多的价格投入所有的市场上去，同时还会把所有那些由于特殊情况或是运费过高因而其利息为百分之五的国家的商业所不能继续经营的商品的贸易，几乎全部独占起来。

第九十节　货币的利率对于一切有利可图的企业的影响。

我们可以把利息的价格看做是一种水平，低于这一水平，一切劳动、一切农业、一切工业、一切商业都将陷于停顿。它像一片汪洋大海；山岭的高峰突出水面，形成了肥沃和已耕种的海岛。假使这一片汪洋大海一旦退潮，随着水位的下降而逐渐显露出来的，首先是山坡，其次是平原和溪谷，它们上面都长满了各种各样的产品。如果海水上涨一尺，就足以淹没大片土地；如果海水低落一尺，也就足以使它们适于耕种。使一切企业生气勃勃的是丰富的资本；而低廉的利息既是资本丰富的结果，同时也是资本丰富的标志。

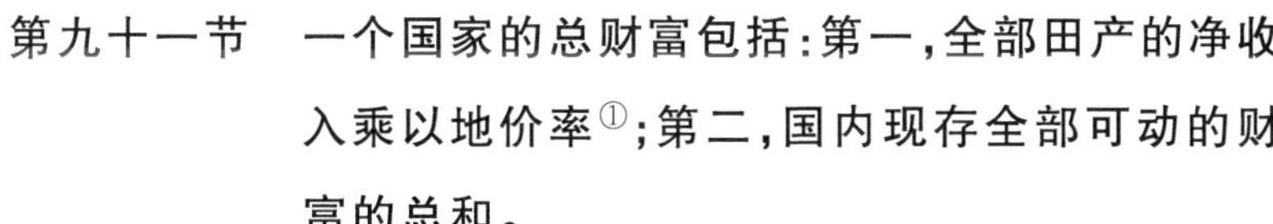

第九十一节　一个国家的总财富包括：第一，全部田产的净收入乘以地价率[1]；第二，国内现存全部可动的财富的总和。

田产相当于与田产年收入乘以据以出售土地的通行比数之积的一笔资本。因此，如果我们把全部土地的收入加在一起，也就是说，把土地为土地所有者以及所有分享土地所有权[2]的人——例如征收地租的领主、征收什一税的教区长[3]、征收赋税的国君——提供的净收入加在一起；如果，我是说，我们把所有这些数目加在

① 法文原文为 Par le taux du prix des terres。

② 法文原文为 Qui en partagent la propriété。

③ 法文原文为 Le Curé。

一起，然后乘以地价率[1]，那么，我们就可以求出一个国家在田产方面的财富的总数。为了求得一个国家的财富的总数，我们还必须再加上各种可动的财富；这些可动的财富是由用在农业、工业和商业各方面的资本的总数构成的；它们永不能离开这些企业，因为每一种企业的全部垫支都必须不断地回到企业家手里，以便不断地再投入企业中去，否则企业便无法继续进行。如果把这巨额的可动的财富同一个国家现存的货币混为一谈，那将是极大的错误；二者相比，后者只是微不足道的。为了使我们自己相信这一点，我们只须想一想那构成农业垫支的大量的牲畜、农具和种子，构成制造业主的资财[2]以及堆满所有商人和从事贸易的人的仓库的大量原材料、工具和各种设备。我们会认识到，在一个国家的全部财富（包括地产和可动的财富）中，金属货币[3]仅占极小的部分。但是，由于所有这些财富和货币总是可以不断地交换的，因此，财富都代表着货币，货币也代表着全部财富。

第九十二节　作贷款用的资本不能计算在这一总额之内，否则就是把它计算两次。

我们在计算一个国家的财富的时候，不应把作贷款用的资本包括在内；因为这种资本只能贷给土地所有者，或贷给那些把它运用在他们的事业中的企业家。只有这两种人才能对资本负责，偿

① 即地价相当于其年收入的倍数。

② 法文原文为 Le fonds。

③ 法文原文为 L'argent en nature。

付利息；如果把一笔货币贷给那些既没有田产又不经营工业的人，这笔货币便将成为呆滞资本而不能成为流动资本①。如果一个拥有价值四十万法郎的田产的土地所有者用这宗田产向人抵借十万法郎，那么，他的土地就得担负一笔租金，这笔租金会使他的收入按相同的比例减少；如果他出卖这宗产业，那么在他所能得到的四十万法郎中有十万法郎将归债权人所有。所以，贷款人的资本在现有财富的计算中所占有的地位，同这块土地的价值的一个相等部分所占有的地位完全相同。这块土地总是值四十万法郎；当土地所有者向人抵借到十万法郎的时候，并不会把它的价值变为五十万法郎；这只不过是把四十万法郎中的十万法郎拨归贷款人所有，而借款人所保留的部分不再多于三十万法郎。

如果我们把贷给一个企业家当做他的企业垫支用的货币计算在资本总额之内，也会发生这种重复计算的情形；因为这种贷款并不增加这个企业所需要的垫支的总额，它只不过使那一数额和代表其利息的那部分利润属于贷款人所有。无论一个商人是从他本人的财产中拿出一万法郎来经营商业而取得全部利润，或者是从别人那里借得一万法郎而支付利息，他本人则满足于剩下的利润与其辛劳的报酬，这项商业的资本总是一万法郎，绝不会再多一点。

但是，在计算一国的财富的时候，虽然为了避免重复计算起见，不能把相当于贷款的利息的那部分资本②计算在内，然而我们

① 法文原文为 Un capital éteint et non un capital employé。

② 法文原文为 Le capital des intérêts de l'argent prêté。

还是应当把所有其他动产都计算进去；这些动产虽然本来是支出的原因，并不产生任何利润，可是由于它们耐久，却成了一种真正的资本，这种资本不断地在那里积累，同时由于它们在需要时可以换成货币，它们就好像变成了一种可以投入商业的准备金；而且，如果人们愿意的话，还可以用它们来弥补其他种种资本的损失。在这种种动产之中，可以提到的有各种家具、珠宝、餐具、油画、雕像和守财奴锁在柜子里的现金；这一切东西都有价值，而且所有这些价值，在富裕的国家里，可以达到相当大的数目；不过，无论这一总额是大是小，我们还是应当把它加到地产价格总额以及流通在各种企业中的垫支的总额上去，才能够求得一国财富的总额。然而，不消说，虽然我们可以很好地弄明白，像我们刚才所做的那样，构成一国财富总额的是哪些因素，但要弄明白它们的确实数目大概是不可能的；至少当我们还没有找到某种尺度可以用来决定一国的整个商业与其土地收入之间的关系时是如此——这件事也许是可能的，可是我们还没有做到可以祛除一切疑虑的地步。

第九十三节　在社会的三个阶级中，资本家性质的贷款人应当列入哪一个阶级？

现在让我们看一看这种关于运用资本的各种不同方法的解说，与我们前面所提出的关于把社会全体成员划分为三个阶级——生产阶级或农民阶级、工业或商业阶级和可以自由支配的阶级或土地所有者阶级——的说法是怎样符合一致的。

第九十四节　资本家性质的贷款人，就他本身来说，属于可以自由支配的阶级。

我们知道，每一个富裕的人必然或者是拥有可动的财富这种形式的资本的人，或者是拥有一份相当于一笔资本的田产的人。每份田产都是一笔资本的等值物；因此，每一个土地所有者都是资本家，可是每一个资本家却并非都是土地所有者；拥有可动的资本的人可以自由选择运用其资本的方法，或者用以买进土地，或者把它投入农业或工业阶级所经营的有利可图的企业中去。一个已经成为农业方面或工业方面的企业家的资本家——无论是就他本人来说，或是就他所获得的利润来说——并不比这两个阶级中的单纯工人有更多的自由支配的能力；两者都是被留下来以①经营他们的企业的。把自己局限于贷款人的地位的资本家，或者把资本贷给土地所有者，或者把它贷给企业家。如果是贷给土地所有者，他就似乎是属于土地所有者阶级；他成为这份田产的局部所有者；土地的收入就承担着①偿付他的贷款的利息的责任；田产的价值就保证着①这笔资本的充分安全。如果贷款人把资本贷给一个企业家，那他本人肯定属于可以自由支配的阶级，不过他的资本却被投入①企业的垫支中，除非有另外一笔价值相等的资本来递补，就不能从这一企业抽调出来而不危害这一企业。

① 这四处不同的译文都是用来表达法文原文 affecté à 这个词的含义的各种微妙差别的。

第九十五节　贷款人提走的利息，就他能加以运用的方法来说，是可以自由支配的。

诚然，贷款人从资本中提走的利息似乎是可以自由支配的，因为企业家及其企业可以不需要它；而且我们似乎还可以从此得出这样一个结论：在这两个劳动阶级——不论它们是从事农业或工业的——的利润中，有一部分是可以自由支配的，那就是说相当于各种垫支的按贷款的现行利率计算的利息的那一部分。再者，这一结论看来好像是与我们前此说过的那一论点互相矛盾的，那一论点是：只有土地所有者阶级才有一种真正所谓的收入，可以自由支配的收入，而其他两个阶级的全部成员都只有工资或利润。这一点值得说明一下。当我们注意到一个把六万法郎贷给商人的人每年所获得的那一千克朗，并考虑他可以加以运用的方法的时候，我们不会怀疑这一千克朗是绝对可以自由支配的，因为那个借款人的企业可以不需要这笔钱。

第九十六节　就国家可以无害地拿走一部分利息来满足它的需要这一意义来说，货币的利息不是可以自由支配的。

但是，并不能由此得出结论，认为就国家可以为着公共的需要泰然占用一部分利息这一点来说，利息也是可以自由支配的。这一千克朗并不是农业或商业无故地给予那个提供垫支的人的一种报酬；它是那种垫支的价格和条件，没有这种垫支，企业便无法继续经营。如果减少这种报酬，资本家就会抽回他的货币，企业就会停顿。因此，这种报酬[①]应当是不可侵犯的，并享受完全免税的权利，因为它是垫给企业的一笔垫支的价格，没有这笔垫支，企业便无法继续经营。如果侵犯它，那就会提高一切企业的垫支的价格，从而削弱企业本身，也就是说，削弱农业、工业和商业。

这就使我们得出这样一个结论：当我们说贷款给土地所有者的那个资本家表面看来似乎是属于土地所有者阶级的时候，这种表面现象是有些暧昧而需要加以阐明的。实际上，事情的真相是：贷款人从贷给（土地所有者）的货币上所获得的利息，并不比从贷给农业和商业企业家的货币上所获得的利息更可以自由支配，也就是说，并不更能够被侵犯。这种利息同样是一种自由协定的价格，同样地不应被侵犯，否则就会使货币出借的价格发生变动；因为这与把贷款借给谁并没有什么关系；如果贷给土地所有者的贷款的价格发生变动或是上涨了，就会使贷给农人、制造业主和商人的贷款的价格发生变动或上涨。总之，我们应当把具有资本家性质的贷款人看做一个经营某种商品的人，这种商品对于财富生产是绝对必要的，它的价格不能太低。把一种租税负担压在他的行业上面，如同把一种租税负担压在用来肥田的粪堆上面是同样不合情理。让我们根据这一点来作出结论：虽然就贷款人本人来说，他确实是属于可以自由支配的阶级的，因为他本人并不从事任何事业，然而就他的财产的性质来说，他却不属于那个阶级；不论他所获得的贷款利息是由

① 法文原文为 Rétribution。

土地所有者用其收入中的一部分支付的，还是由企业家用其利润中作为对垫支的利息的保证的那一部分支付的。

第九十七节 反对的意见。

毫无疑义，有人会这样答复我：资本家可以无所偏好地或者把他的货币借给别人，或者用它来买进土地；无论在前一场合或后一场合，他所取得的只不过是一种价格，这种价格是他的货币的等值物；而且无论他把他的货币用在哪一方面，他都得资助公共的费用。

第九十八节 对这种反对意见的答复。

首先，我回答说，当资本家买进了一份田产的时候，的确，对他来说，他从田产所能获得的收入就是他把货币出借时所能获得的利息的等值物；不过对国家来说，这里却存在着这种本质上的区别，那就是，资本家购买土地时所付出的价格，无论怎样，对土地所生产的收入都并无任何助益；即使他没有买进这份土地，土地所提供的收入也不会因而有所减少；正如我们在上面说明的那样，这种收入是土地所提供的超出土地耕种者的工资、利润和其垫支的利息以外的东西。这和贷款的利息毫无相同之处；这正是贷款的条件，是垫支的价格，如果没有这种垫支，无论这种收入或是用来支付收入的利润，都会毫无着落。

第二，我这样答复：如果只有土地才负有资助公共费用的义务，那么，只要这种捐款一经规定，买进土地的资本家就不会把必须提作这种捐款的那一部分收入计算在他的货币利息之内；同样，一个在今天买进一块土地的人并没有买进教区长所征收的什一捐，甚至所有已知的赋税，而只买进那部分已扣除了什一捐和赋税的收入。

第九十九节 除了土地的净产品以外，一个国家里不存在任何真正可以自由支配的收入。

通过上面所讲的，我们知道贷款的利息不是取自土地的收入，便是取自农业、工业或商业企业的利润。但是，关于这种利润的本身，我们已经指出，它们只是土地产品的一部分；土地产品分为两部分；一部分被留作[①]土地耕种者的工资、利润、垫支的报酬和垫支的利息；另一部分则是土地所有者的份额，也就是说，是土地所有者可以随意花费的收入，他可以从中提出一部分来资助国家的公共费用。我们曾经指出，社会中其他阶级所收入的仅仅是工资和利润，这种工资和利润或者是由土地所有者从他的收入中支付的，或者是由生产阶级的代理人从被留下来以满足他们的需要（为了满足这种需要，他们不得不从工业阶级那里购买商品）的那一部分中支付的。不论这些利润是以工资形态分配给工人的，或是以利润形态分配给企业家的，或是作为垫支的利息来分配的，它们并没有改变它们的性质，而且也并不增加生产阶级所生产的超过它

① 法文原文为 Affectée aux。

的劳动价格以外的收入的数额——在这一数额中,工业阶级所分得的份额只限于它的劳动的价格。

因此,下面这个论点仍然不能动摇,即除了土地的净产品以外,没有收入,所有其他年利润不是从这种收入中支付的,就是形成用来生产这种收入的开支的一部分。

第一百节　土地还提供了现存的全部可动的财富或资本,而这些东西只是由每年节省下来的一部分土地产品形成的。

不但除了土地的净产品以外不存在也不可能存在任何其他收入,而且提供构成农业和商业垫支总额的全部资本的也是土地。土地在没有被耕种以前就提供了为最早的劳动所不可或缺的第一批原始的垫支;所有其他垫支则是自人类开始耕种以来一个接着一个的世纪里积累起来的节约的果实。毫无疑问,这种节约不仅发生在土地所有者的收入上,而且还发生在各个劳动阶级的全体成员的利润上。甚至一般地可以这样说,虽然土地所有者有较多的剩余的东西,但他们节储的却比较少,因为他们有较多的闲暇时间,他们就有较多的欲望和癖好;他们认为自己对于获得财富比较有把握;他们对任意享受财富方面要比对增加财富方面考虑得多些;奢侈浪费是他们相传下来的风气。工资收入者[①],尤其是其他阶级的那些按照他们垫支的多寡、按照他们的才干和他们的活动

① 法文原文为 Les salariés。

能力取得利润的企业家，虽然他们并没有真正所谓的收入，可是除了维持生活的东西以外，还有一些剩余；而且几乎他们所有的成员由于专心致志于他们的企业，从事增加他们的财富，并且由于劳动的关系不能有奢华的娱乐和癖好，因此，他们就把所有的剩余都储蓄起来，再度投资到他们的事业中去，从而增加了他们的剩余。农业企业家大多数很少借款；除了他们自己的资金以外，他们中间很少有人想用别人的资金来作有利的运用的。想使自己的财产稳定的、从事其他事业的企业家也企图采取这种态度；凡是靠贷款来经营企业的人，除非有很大的本领，莫不冒着失败的危险。但是，虽然资本有一部分是由劳动阶级的利润储蓄形成的，然而由于这种利润总是来自土地——因为全部利润都是由（土地的）收入支付，或作为用以生产这种收入的费用的一部分支付的——所以，就很明显，各种资本都来自土地，正如收入来自土地一样；或者更正确地说，资本并不是别的东西，只不过是土地所生产的价值的一部分的积累，这部分价值是这种收入的所有者或那些同他们分享这种收入的人，可以每年把它保存起来，而不用来满足他们的需要的。

第一百零一节　虽然货币是储蓄[①]的直接主体，而且可以说是资本正在形成时的第一批原料，金属货币却只是资本总额中一个几乎微不足道的部分。

我们已经知道，在现存各种资本的总额中，货币简直不起任何作用；可是它在各种资本的形成过程中却起着很大的作用。实际

① 法文原文为 D'épargne。

上，几乎所有的储蓄都不是用别的东西，而是用货币来完成的；土地所有者所得的收入其形式是货币，各种企业家所收回的垫支和利润，其形式也都是货币；因此，他们所诸蓄的是来自货币，而各种资本的逐年增加也是以货币的形式进行的；可是没有一个企业家会把货币用在别的方面，只是把它立刻变成他们的企业所赖以存在的各种不同的动产；因此，正像我们在前面已经说明的那样，这种货币便回到流通中来，而大部分资本仅以各种不同的动产的形式存在。

1766 年 11 月

附　　录

杜阁书信摘录

(1) 1766 年 7 月 23 日杜阁致休谟书

同时我想寄给你一件性质很不相同的小东西——我想设置的关于我们常常讨论的问题的学术奖金的计划书。解决这个问题最好的方法,正像解决所有其他问题一样,就是让公众来讨论它。我曾经想把这个问题的情况和可能据以考虑这个问题的各个不同方面说得清清楚楚。我很希望你能够抽出一点时间把你的意见告诉我们。关于这个问题的文章,甚至是用英文写的,我们也欢迎。我们那些属于魁奈学派①的经济学家们将顽强地维护他们的宗师的思想体系。直到目前为止,英国学者们与这一思想体系还是距离很远;要想使它的原理能同企图垄断整个世界贸易的这种野心互相协调起来是太困难了,因此我们不能期望在未来的一个长时期里,英国的学者们会采纳我们这里的这种思想体系。然而,如果庇特先生和各国的领导人都能像魁奈那样来考虑所有这些问题,那

---

① 法文原文为 Sectateurs de Quesnay。

就太好了。我深恐你们那位著名的政治煽动家会追随一套完全不同的原则,而认为他自己感有兴趣的是使你们称为"贸易猜忌心"的那种偏见继续在你们的国家中保持下去。对我们两个国家来说,这将是一种极大的不幸。不过我相信这种几乎是两败俱伤的局面将使这种愚蠢的行为不能长期维持下去。

(2) 1766 年 8 月 5 日休谟致杜阁书

……我很赞成你设置学术奖金;不过你为什么认为一切租税都落在土地所有者身上是一种公认的真理,并用这种见解来限制应征者的论文呢?你知道,任何时代或任何国家的政府从来都不相信这种假定;人们一向都认为租税是落在那些在消费产品时纳税的人身上;这一普遍的规律加在事物的显著的外表现象之上,无论怎样,总留有些使人怀疑的余地。如果把这个问题本身作为讨论的题目,也许不是一件坏事。

(3) 1766 年 9 月 7 日杜阁致休谟书

我不明白为什么你认为那些相信实行间接税对田产所有者有利的人将被剥夺应征我的学术奖金的权利。我向你保证,假如你能给我们一篇从这种观点来考察这个问题的文章,它将受到很大的欢迎。的确,我所拟的应征须知好像是引导征文的作者从另一观点来考察这个问题。可是,事实上,我之所以设置学术奖金,与其说是希望引起关于那个我已经有了坚定信念[①]的总的问题的讨论，还不如说是让人们看看在估计间接税的影响方面，他们能够做些什么，因为我直到现在都还未能肯定这种税收的确切的份额(每个阶级在负担方面的份额？——英译本编者)究竟应当如何计算[②]。

我已经说过，人们一致认为间接税最后还是全部落到土地所有者的身上，因为事实上，我认为那些为了其他原因而维护间接税的人大都已同意了这一点，尤其在最近十五或二十年间是如此；同时因为那些我曾经有机会和他们一起讨论过这个问题的人大部分都同意了这一点。我知道得很清楚，根本就没有任何一个政府的实践是符合这一原则的；但是，第一，你我都知道，已被一切政府所实行的原则，并不是像那些空想的原则那样容易变更的。一切民族的财政制度都是在人们还没有考虑到这些问题的时代里就已经形成的；虽然人们可能十分相信这种制度是建立在脆弱的基础之上的，然而要把一架全部开动的机器搬走，而代之以另一架，那就得费很大的气力，花很多的时间。你也像我一样的知道，地球上一切政府所追求的重大目的是什么：服从和金钱。这正如俗语所说的那样，它们的目的就是要拔掉母鸡身上的毛，同时却不让它叫喊；可是叫喊的是土地所有者，而政府总是愿意间接地进攻他们，因为这样做，他们一直要等到这个问题变成了法律以后，才能看出害处来；而且，由于消息的传播不够广泛，由于有关的种种原则没

① 法文原文为 J'ai une conviction entière。

② 法文原文为 Pour engager à travailler sur l'appréciation des effets de l'impôt indirect，évaluation encore incertaine pour moi quant à la quotité。

有得到十分清楚的证明，因此，他们还不能找到他们所受的灾难的真正原因。我常以我的意见不能和你一致为憾。可是我相信你能包容……

(4) 休谟致杜阁书(未注明日期)

我想谈一谈我们常常提到的关于规定各种赋税的方法以及关于把赋税负担放在土地所有者身上和放在消费者身上孰优孰劣的那个政治问题。你承认：由于国家的收入是用来保卫整个国家的，所以把税负放在每一个人身上比较公平；可是你说，这种做法是行不通的，各种赋税最后仍将落到土地身上，因此倒不如一开始就把它们安置在那里。所以你认为劳动者总是按照税额的比例提高他们的劳动的价格；但这一点是与实际经验相矛盾的。体力劳动的价格在没有赋税的讷夫夏托州和瑞士的其他地区，要比邻近的征收许多种赋税的法国省区的更高些。英国各殖民地几乎不征收什么赋税，然而那些地方的劳动价格比欧洲任何一国的要贵上三倍。荷兰有繁重的消费税，可是这个共和国却没有最后能负担这种赋税的土地。

劳动的价格将永远取决于劳动的供给量的劳动的需求量[①]，而不是取决于赋税。制造出口物品[②]的商人[③]不能提高他们的劳

① 法文原文为 Dépendra de la quantité des offres du travail et de la quantité de la demande。

② 法文原文为 Les étoffes。

③ 法文原文为 Les commerçants。

动的价格，因为，如果这样做的话，这些物品的成本就会高得无法在国外市场脱售。制造供国内消费用的物品的商人也同样不能提高他们的劳动的价格，因为同一种劳动不能有两种价格。这一原则，对于所有有一部分要出口的那些商品都适用，也就是说，差不多对所有的商品都适用。即使有某些商品，它们的任何部分都是不出口的，用来生产这种商品的劳动的价格也不能提高，因为这种劳动价格的提高将使许多人转到这种工业里来，从而使劳动的价格立刻下跌。在我看来，征收消费税的直接后果是：工人们不是消费减少，便是工作加多。没有一个工人不能迅速敏捷地在他每周工作时间以外加上几个工时；同时，也几乎没有任何人穷得不能在开支方面稍为撙节一些。当谷物价格上涨的时候会发生什么情况呢？贫穷的人岂不是生活得更艰苦而工作得更努力么？赋税具有同样的效果。

我还请求你不要忘记，除了土地所有者和贫苦的劳动者以外，每一个文明国家都有好多很富裕的人，他们运用资本经商，他们一面给贫苦阶级以工作，一面享受着一大笔收入。我相信在法国和英国，这种性质的收入比来自土地的收入要大得多；因为除了真正所谓的商人以外，我还把所有店主和各种著名的小商人都包括在这一阶级之内。我们说这批人应当负担维持社会的费用，那是十分公平的——而除了征收消费税，便不能做到这一点。据我看，我们没有正当的理由可以说这一纳税人阶级必须把它的赋税负担转嫁给土地所有者，因为它所获得的种种利润[1]和种种收入肯定能

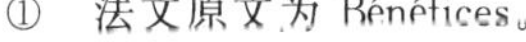

① 法文原文为 Bénéfices。

够承担一种扣除。

(5) 1767年3月25日杜阁致休谟书

我本来很想深入一步,详细地讨论税收问题;但是为了答复你的反对意见,看来必须——好比这样说吧——写出一本书来并赢得我自己设置的学术奖金。我现在只想向你提出我据以出发的并认为是无可争辩的原则,即一个国家,除了土地的年生产额以外,不可能有其他收入;整个这种产品可以分为两部分:一部分留下来供[1]下年度再生产之用,这不仅包括农业企业家以实物形式消费掉的那部分农作物,而且还包括他们用来偿付为他们劳动的铁匠、车匠、马鞍匠、织工、缝衣匠等工人的工资的一切东西;它还包括他们的利润和他们的垫支的利息。另外一部分则是土地所有者和土地耕种者已区别开来而不是同一个人的时候——这并不是经常有的情况——农业经营者向土地所有者缴纳的净产品;土地所有者用这种净产品来偿付一切为他劳动的人。假使承认了这一点[2],那就必然会得出这样一个结论:那种不是直接落在土地所有者身上的赋税,就会落在靠净产品过活的工资劳动者[3]的身上,或是落在其劳动由土地耕种者来偿付的那些人的身上。如果各种工资[4]由于竞争的关系已被压低到它们的公平价格的水平,那么,它们就

① 法文原文为 Affectée à。

② 法文原文为 Cela posé。

③ 法文原文为 Les salariés。

④ 法文原文为 Le salaire。

不能上涨；由于除非使支付工资的人受到损失，工资不能上涨，一部分的税负最后就会落到土地所有者身上，成为他们用净产品来支付的支出，另一部分则增加了土地耕种者的支出，从而使他们不得不少给一些给土地所有者。由此可见，在一切场合，担负赋税的总是土地所有者。

你说我认为工资是随着赋税的增长而增长的，而实际经验却证明这一原则是与事实不符的；并且你正确地指出，无论赋税是高是低，决定工资价格的不是各种赋税，而只是供给与需求的关系①。

这一原则的确从来没有人争论过；它是当时②规定所有在商业中具有价值的物品的价格的唯一原则。可是我们必须区分两种价格，一种是由供求关系规定的现行价格③，另一种则是基本价格④，这种基本价格，就一种商品来说，就是工人在这件商品上所花费的东西。就工人的工资来说，基本价格就是工人的生活资料使他花费的东西。如果你要一个挣取工资的人纳税，就不能不增加他生活资料的价格，因为他必须把由于纳税而引起的开支加到他原来的开支上面去。这样，你就增加了劳动的基本价格。但是，虽然基本价格不是现行价值的直接因素⑤，然而它却是一种最低限度，现行价值绝不能降落到这一限度之下。因为，如果一个商人

① 法文原文为 Le rapport de l'offre à la demande。

② 法文原文为 Immédiatement。

③ 法文原文为 Le prix courant。

④ 法文原文为 Le prix fondamental。

⑤ 法文原文为 Le principe immédiat de la valeur courante。

因交易而亏本，他就会不再卖出或制造商品；如果一个工人不能靠劳动来生活，他就会变成一个乞丐，或离开本乡本土。不仅如此，工人还必须获得一定的利润[①]以应付意外的开支，并赡养他的家属。在一个商业和工业都可以自由经营而且繁荣的国家中，竞争把这笔利润规定在尽可能低的水平上[②]。在所有土地产品的价值、各种不同商品的消费量、各种不同的工作、它们所雇用的工人数目和工人工资的价格之间，保持着某种平衡。

只有通过这种平衡，通过社会各个组成部分、各生产部门和各商业部门之间的相互影响，各种工资才能被规定下来，才能经常停留在一个确定的水平上。假如承认这一点，那么，如果你把这些因素中的任何一个因素改变一下，那就必然会在整个机器中引起一种倾向于恢复原有平衡的运动。各种工资的现行价值与其基本价值的比例，就是由这种平衡的规律和社会的所有各组成部分所处的一切环境的结合规定的。

假如你提高了这种基本价值，那么，前此规定现行价值与这种基本价值的比例的那些环境，必然会使现行价值上涨，直到这种比例重新确立为止。我知道这种结果是不会突然到来的；在每一种复杂的机器里都存在着种种阻力[③]，使已由理论最确实地论证过的结果慢些发生。甚至一种完全同质的液体，也得经过一段时间，才能恢复它原来的水平；可是，只要有时间，这种水平总可以恢复。我们目前正在讨论的各种价值之间的平衡也是如此。正像你所说

---

① 法文原文为 Un certain profit。

② 法文原文为 Au taux le plus bas qu'il soit possible。

③ 法文原文为 Des frottements qui ralentissent les effets。

的，工人会想尽办法来多工作一些，或者少消费一些；可是所有这一切都只是暂时的[①]。毫无疑义，世界上并没有一个能做多少工作就做多少工作的人。但是，人们能做多少工作就做多少工作这件事，并不比一根软索能拉多长就拉多长这件事更自然一些。每一架机器都必须保持一定程度的松弛，否则就有随时破裂的危险。在劳动方面，这种松弛的程度是由征课赋税以后继续活动着的成百上千种原因规定的；因此，即使由于一种最初的努力，紧张的程度加强了，然而事物不久还是会恢复它的自然形态的。

我在劳动的增加方面所说的这些话，也就是我在消费的减少方面所要说的话。欲望永远都是一样的[②]。严格说来可以加以节约的那种剩余，仍然是工人及其家属的日常生活资料中一种必需的要素。莫里哀剧本中那个守财奴说，当饭只准务好五份的时候，第六个人也总能够吃上饭；可是，如果把这种推论再向前推进一步，我们很快就会堕入荒唐的境地。我再加上一句，消费的减少对于土地所有者的收入还有另外一种很严重的影响——通过商品及其土地的产品的价值的减少而发生的影响。

至于有关对外贸易方面的反对意见，我不准备详细讨论；对外贸易除了有助于增加土地收入这一点以外，我不能认为它是任何国家的一件十分重要的事情[③]；而且，如果你对国外贸易课税，你就必然会促使它衰落。时间不容许我多谈，我不得不结束这封信了，虽然我本来还有许多话要说，例如一种赋税的征收工作必然会

① 法文原文为 Passager。

② 法文原文为 Les besoins sont toujours les mêmes。

③ 法文原文为 Un objet bien considérable。

造成对公民自由的不断侵犯，从而使消费者感到种种不便；他们必须在海关里被搜查，他们的住宅为了征收产业税和消费税必须被税吏所闯进等等；至于关于走私以及为了国库的利益而牺牲人命的种种令人恐怖的事更不必提了，——简直是立法机关向绿林好汉宣述的一篇美妙的说教！

(6) 1766年12月9日杜阁致杜邦书

……我已为我向你提过的那两位中国学生拟好了几个问题；为了使他们能够明白这些问题的目的和意义起见，我又在这些问题前面写了一篇关于社会的各种劳动和财富的分配的简略分析[①]。我在这篇文字里没有插入任何代数学；除了形而上学的部分以外，没有《经济表》[②]中的任何东西；此外，还有许多问题我也没有提到，而要想使这一著作完整，这些问题是必须加以讨论的。但是，对于与各种资本的形成和运动[③]以及货币的利息等等有关的问题，我都已作了相当透彻的研究了……

① 法文原文为 Une espèce d'esquisse de l'analyse。

② 魁奈《经济表》于1758年出版；1894年由纽约麦克米伦图书公司为英国经济学会照原样翻印。

③ 法文原文为 La marche。

(7) 1770年2月2日杜阁致杜邦书

……关于原始的农业垫支[1]那一段话特别使我感到烦恼；你知道我曾经当你的面怎样和鲍杜神父争辩过这一点。我也许错了，可是每个人都喜欢是他自己而不欢喜成为另一个人。……这些附加的话都要使我成为一个经济学家，然而我不愿意做经济学家，正如我不愿意成为一个百科全书的编纂人一样。

(8) 1770年2月20日杜阁致杜邦书

……虽然你所称为土地方面的那些垫支对于农作物的生产是作出了它们的一份贡献的——如果我的目的是在于详细说明《经济表》的种种原理，我也会这样说——然而，说土地方面的垫支是财产的来源[2]，那就错了。……最使我感到烦恼的就是这种修改。

……我只告诉你这一点，就感到满足：谁也不能根据我所说的话而认为奴隶制度对于任何社会(即使是在它的幼稚时代)是有利的。至于拥有奴隶的个人，那是另外一个问题。你认为奴隶制度对任何人都没有好处，我倒很愿意相信你是对的，因为它是一种可鄙的、野蛮的、不公正的制度。可是我恐怕你搞错了，恐怕对于做这种不公正的事情的人来说，它有时也许是有用的。……

① 法文原文为L'endroit des avances foncières。(亚当·斯密在《国民财富的原因和性质的研究》第4卷第9章中把dépenses foncières译为“土地方面的开支”。)

② 法文原文为Le principe de la propriété。

(9) 1770 年 3 月 23 日杜阁致杜邦书

认为储蓄和窖藏[①]是意义相同的东西，那是怎样一种观念方面的混淆，或者毋宁说，那是怎样一种文字方面的混淆！以此来掩饰那位善良医师[②]在其早期著作中漏出的某些错误说法。哦，这样的一种宗派主义精神[③]！

(10) 1769 年 7 月 10 日休谟致莫雷累书

我看出你很小心，没有在你的意见书中提出你的看法，来得罪你们的那些经济学家；在这一点上，我赞扬你的审慎。可是我希望你在你的著作中攻破他们、击溃他们、粉碎他们，使他们成为灰烬！事实上，他们是索尔滂恩被摧毁以来现在还存在着的一群最异想天开的[④]和最傲慢的人。……我常以惊异的心情问我自己，是什么东西竟能诱使我们的朋友杜阁先生和他们混在一起[⑤]。

---

① 法文原文为 Épargner et thésauriser。

② 指魁奈而言。——英译本编者

③ 法文原文为 Esprit de secte。

④ 法文原文为 Chimérique。

⑤ 法文原文为 S'associer à eux。

图书在版编目(CIP)数据

关于财富的形成和分配的考察/(法)杜阁著;南开大学经济系经济学说史教研组译.—北京:商务印书馆,2017
(汉译世界学术名著丛书:120年纪念版:珍藏本)
ISBN 978-7-100-14055-3

Ⅰ.①关… Ⅱ.①杜… ②南… Ⅲ.①重农学派—研究 Ⅳ.①F091.32

中国版本图书馆CIP数据核字(2017)第132373号

汉译世界学术名著丛书
(120年纪念版·珍藏本)
关于财富的形成和分配的考察
〔法〕杜阁 著
南开大学经济系经济学说史教研组 译

商 务 印 书 馆 出 版
(北京王府井大街36号 邮政编码100710)
商 务 印 书 馆 发 行
南京爱德印刷有限公司印刷
ISBN 978-7-100-14055-3

2017年12月第1版 开本710×1000 1/16
2017年12月第1次印刷 印张7¾
定价:50.00元